I0127289

MADAME
DE MAINTENON

ET

SA FAMILLE

L n 27 /3 ? ? /

INTRODUCTION

Les lettres et documents que nous publions aujourd'hui éclairent un côté peu connu de la vie privée de madame de Maintenon. Ils nous font aussi pénétrer dans l'intimité des principaux membres de sa famille, et notamment de ceux à l'égard desquels, faute de données positives, les biographes se sont tus ou n'ont fait qu'exprimer un espoir et un regret : l'espoir de découvertes plus amples dans l'avenir, le regret de n'avoir pu les faire eux-mêmes.

Nous venons combler quelques unes des lacunes signalées par ces écrivains.

Notre siècle est indiscret. En vue de ressaisir un trait mal accusé, de restituer aux faits et aux individus leur véritable physionomie, il se livre curieusement à une espèce d'enquête rétrospective, à la révision des choses et des personnes qui ne sont plus. Exhumations littéraires, révélations historiques, laideurs morales, imperfections physiques, vices et vertus, il met tout en lumière, et ne recule pas plus devant les chastes mystères du Gynécée que devant les secrets d'État.

Nous trouvons que notre siècle a raison. Les épis forment la gerbe, les rayons complètent l'astre et le passé explique l'avenir. En d'autres termes, nous sommes de ceux qui pensent que rien ne doit être négligé de ce qui a été dit ou accompli dans certaines régions de la société, et que les manuscrits, par exemple, n'ont pas été faits seulement pour le plaisir des yeux. Aussi ne comprenons-nous pas qu'on puisse mettre sous le verrou et condamner au silence des autographes *instructifs*, pour en faire l'objet d'un culte personnel et furtif, c'est-à-dire pour les entourer de cette adoration muette et exclusive où se complaisent si souvent l'avare et le collectionneur, — ces deux grands égoïstes de la création, — en présence de leurs trésors.

Évidemment, il est des confidences nuisibles et qu'on doit taire : ce sont celles qui provoquent le scandale et dont se repaît la malignité oisive, sans que l'histoire ou l'esprit humain en recueillent le moindre avantage. Au surplus, ce genre de découvertes est plus rare qu'on ne le suppose généralement : car, petits et grands, nous avons tous de la *prudence* si nous n'avons pas toujours de la *pudeur*, et nous ne confions pas volontiers à une chose aussi légère que le papier le dernier mot de notre cœur ou de nos passions.

Quoi qu'il en soit, hors ce cas, il nous paraît de devoir rigoureux de publier les documents inédits qu'on possède, — lorsque ces documents présentent quelque intérêt, bien entendu, — et de convier ainsi le public lettré à cette sorte de fête de l'intelligence et du cœur dont on a joui soi-même dans le silence du cabinet. *Id facere laus est quod decet, non quod libet.*

Au temps où nous vivons, la vérité littéraire et historique, trop souvent altérée par l'esprit d'école ou de parti, s'est quelquefois retrouvée tout entière dans une lettre autographe, dans un billet de quelques lignes, pauvres feuilles égarées, dispersées çà et là au gré de l'ignorance ou de l'oubli, et que le hasard — ce dieu des chercheurs — avait enfin remises en lumière.

Vous verrez qu'on découvrira un jour, dans l'arrière-boutique de quelque épicier, la *preuve authentique* du mariage du grand roi avec la veuve Scarron, et le mot de cette énigme politique et sombre intitulée : *L'Homme au masque de fer*, etc., ainsi qu'on a retrouvé, dans l'officine d'un apothicaire, le contrat de mariage de Louis XIII et d'Anne d'Autriche, recouvrant un bocal de cantharides. Si la vérité n'est pas toujours *bonne à dire*, elle est toujours *bonne à prendre*, n'importe où elle se trouve, fût-ce dans la hotte d'un chiffonnier; et, quand une fois on la tient, il se rencontre tôt ou tard un esprit indépendant et judicieux qui choisit son heure pour la publier et la faire rayonner au grand jour.

Et alors que de témoignages rectifiés! Que de paillettes et d'oripeaux renvoyés à la friperie! Combien d'idoles jetées à bas de leur piédestal! Ici, c'est un faux ami de l'humanité qui dépouille son vernis de philanthropie; plus loin, une Lucrèce qui trempe sa robe blanche aux fanges du ruisseau. Mais, par contre, aussi, le mérite modeste reprend son rang; la vertu solide brille de tout son éclat, et l'honnête homme méconnu voit luire enfin le jour de la réparation et de la justice....

Et tout cela grâce à un carré de papier, souvent large comme la main, jauni, fripé, maculé, à demi oblitéré par le temps, et qu'on serait tenté de renvoyer où vous savez, avec le *Sonnet* d'Oronte... N'est-ce pas le cas de s'écrier encore une fois : *Où diable la vertu va-t-elle se nicher!*

Assurément, nous n'avons pas la prétention de rendre à l'humanité de semblables services ; mais, dans la mesure modeste de nos efforts, il nous est permis peut-être d'apporter quelques pierres à l'édifice; et, tant que nous aurons des vérités utiles sous la main, nous n'hésiterons pas à la leur ouvrir toute grande, au rebours du philosophe égoïste et normand que chacun connaît. Déjà nous avons été assez heureux pour faire, en littérature, des *révélations* auxquelles on a bien voulu trouver quelque intérêt[1]; et nous poursuivrons notre tâche encore un certain temps, — car notre portefeuille est loin d'être épuisé, — et toujours avec les preuves à la main, et toujours aussi avec le sentiment profond de notre humilité, comme il sied à tout *porteur de reliques* qui comprend son rôle et ne le surfait pas.

Il s'agit aujourd'hui, comme nous l'avons dit

---

[1] *OEuvres inédites* de Piron (prose et vers), accompagnées de lettres également inédites de mesdemoiselles Quinault et de Bar. Paris, Poulet-Malassis, 1859. 1 vol. in-8.

en commençant, de *Lettres et de documents rela-
tifs à madame de Maintenon et à sa famille.*

La plus grande partie de ces matériaux pro-
viennent de la succession de Sophie de Villette,
ancienne abbesse de Notre-Dame de Sens, et
cousine de madame de Maintenon. Elle les te-
nait de sa mère, la marquise de Villette de
Mursay ; et, en reconnaissance de services rendus, soit à son couvent, soit à sa personne, elle
les avait laissés à une honorable famille de la
Bourgogne, qui nous les a cédés. Ils se rattachent à six périodes, dont nous avons formé autant de séries, et ils se composent de notes biographiques et d'une cinquantaine de lettres,
savoir :

1° Huit lettres d'Agrippa d'Aubigné, de Renée
Burlamachi, sa seconde femme, et de Jeanne de
Cardilhac, mère de madame de Maintenon (1627
à 1642);

2° Seize lettres de madame de Maintenon, de
Charles d'Aubigné, son frère, du comte de Mursay, son cousin, de la marquise de Villette, de

Sophie de Villette, et de Ninon de Lenclos (1660 à 1759);

3° Dix-huit lettres du jeune marquis de Villette, de Jean-Baptiste Rousseau, du comte de Sinzendorff, du chevalier de Caylus et de madame de Rabutin (1716 à 1717);

. 4° Dix lettres du comte de Caylus, fils de la comtesse de ce nom, née de Villette, l'auteur des *Souvenirs*, et la cousine de madame de Maintenon[1] (1722 à 1745);

5° De notes biographiques rédigées vers l'an 1730, les unes par les dames de Saint-Cyr, les autres par la marquise de Villette, et relatives à Agrippa d'Aubigné et à ses descendants;

6° Enfin, de la reproduction littérale d'un *Vade-mecum* de madame de Maintenon, en d'autres termes, d'un petit recueil renfermant les

---

[1] Nous restituons ici à madame de Caylus le véritable degré de parenté qui l'unissait à madame de Maintenon. Elle n'était pas sa *nièce*, comme on l'a constamment écrit, mais sa *cousine*, issue de germain : *nièce* si l'on veut, mais dans un sens restrictif, c'est-à-dire *à la mode de Bretagne*.

instructions spirituelles à elles données par ses directeurs de conscience.

Quarante et une des lettres en question sont adressées, soit à monsieur ou à madame de Villette, c'est-à-dire à la fille et au gendre d'Agrippa d'Aubigné, soit à la marquise de Villette de Mursay, belle-fille de ces derniers et cousine par alliance de madame de Maintenon.

C'est donc, à proprement parler, une correspondance de famille que nous plaçons sous les yeux du lecteur, correspondance variée, intime, qui embrasse un intervalle de plus d'un siècle, et dans laquelle se trouvent des éléments d'instruction *individuelle* et d'intérêt historique qu'on chercherait vainement ailleurs.

Comme nous avons placé, en tête de chaque série, une NOTICE spéciale et explicative, et à la fin du volume une CONCLUSION, nous y renvoyons le lecteur. Nous nous arrêterons donc, pour le moment, à la description sommaire qui précède.

HONORÉ BONHOMME.

MADAME DE MAINTENON

ET SA FAMILLE

PREMIÈRE SÉRIE

NOTICE

SUR LA PREMIÈRE SÉRIE

———

Cette première série comprend huit lettres, qui ont été écrites, de 1627 à 1642, à M. et à madame de Villette, par Agrippa d'Aubigné, par Renée Burlamachi, sa seconde femme, et par Jeanne de Cardilhac, mère de madame de Maintenon.

Parmi ces lettres, qui offrent plus d'un genre d'intérêt, il en est une sur laquelle nous appellerons spécialement l'attention du lecteur. Elle est de Jeanne de Cardilhac et datée du 23 juillet 1642.

Dans cette lettre, écrite de Paris, la mère de madame de Maintenon expose à madame de Villette, sa belle-sœur, les motifs qui l'ont décidée à se retirer dans un couvent avec ses enfants, particularité que nous n'avons vue relatée nulle part; et, à ce point de vue, cette lettre est toute une révélation et a une importance réelle. En effet, la plupart des biographes ont présenté la mère de madame de Maintenon comme une femme de vertus presque stoïques, à qui sa fidélité au malheur avait fait dédaigner les douceurs de la liberté, pour partager, pendant douze ans, la captivité de son mari, etc.

Sans faire précisément descendre Jeanne de Cardilhac du piédestal où de justes et honorables sympathies l'ont placée, la lettre en question amoindrit un de ses mérites. Incontestablement, Jeanne de Cardilhac n'a pas montré l'abnégation patiente et résignée qu'on lui suppose. Son courage d'épouse, sinon de mère, a eu des hésitations, des défaillances, des révoltes peut-être; bref, le cœur lui a manqué, et c'est dans un de ces accès de lassitude morale qu'elle aura, — tranchons le mot, — abandonné la partie pour se réfugier dans un couvent.

A la vérité, elle était alors, et déjà depuis dix-huit mois, à Paris, où elle s'était rendue pour suivre un procès engagé avec un sieur de Sansac, qui détenait des biens appartenant à Constant d'Au-

bigné. Mais on ne saurait objecter, en s'appuyant
sur un passage de sa lettre, que ce procès la *rete-*
nait encore à Paris, et qu'il importait peu qu'elle
en attendît l'issue dans une maison religieuse ou
dans la *Cour du Palais*, où, paraît-il, elle s'était
primitivement logée : car un acte authentique,
dont est détenteur M. Bournet-Véron, notaire à
Paris, établit positivement que ce procès avait pris
fin, par voie de transaction, dès le 13 juin 1642 [1].
Or, la lettre de Jeanne de Cardilhac est du 23 juillet
suivant; donc, quand elle dit que *ses affaires pour-*
ront durer encore six mois ou un an, tant plus que
moins, évidemment, elle veut gagner du temps et
couvrir d'un prétexte spécieux la prolongation
d'une absence non motivée.

Dès lors, on peut inférer des faits et des dates
cités, que la retraite de Jeanne de Cardilhac dans un
couvent n'est point un simple incident ou une nécessité de situation, mais l'effet d'une résolution
fermement arrêtée, un acte libre de sa volonté.
« *A la fin, madame ma sœur,* — dit-elle à madame

---

[1] Cet acte a été communiqué à M. Ap. Briquet, qui s'en
est servi avec avantage dans un travail estimable relatif à
madame de Maintenon et à ses ascendants. Voyez le *Bulletin*
du Bibliophile, mois de septembre 1860.

de Villette, qui lui avait adressé des représentations sur le parti qu'elle prenait; — *à la fin, il est temps que je me fasse sage à mes dépens,* » etc., etc. Puis, elle s'attache à justifier les motifs de sa résolution. On voit qu'elle a le cœur ulcéré et gros d'amertume, par suite d'un nouveau tort de conduite que s'est donné son mari envers elle; et il est permis de croire, en définitive, que si, plus tard, nous la retrouvons à la Martinique avec ce dernier et ses enfants, c'est que la mise en liberté du prisonnier d'État, arrivée quelques mois après, l'a seule déterminée à se rapprocher de lui.

A ce propos, et sans nous attacher à faire ressortir une à une les inexactitudes volontaires et autres que la Beaumelle a commises dans ses *Mémoires de madame de Maintenon*, nous insisterons sur un fait qui n'a pas été suffisamment relevé par les critiques, dont la tâche s'est généralement bornée à signaler les interpolations et variantes infligées par cet auteur à la correspondance de son héroïne.

Nous voulons parler des singulières *évolutions*, — c'est le mot, — que la Beaumelle fait subir à Jeanne de Cardilhac, à partir de 1639 (date qu'il assigne à tort à l'élargissement de Constant d'Aubigné¹) jusqu'en 1646, époque à laquelle, tout aussi mal à propos, il place la mort de ce dernier, événement dont la date précise est restée ignorée.

D'après lui, Constant d'Aubigné, sa femme et ses enfants, partent pour la Martinique en 1639. Peu après, Jeanne de Cardilhac revient en France avec ses enfants, pour y plaider contre le sieur de Sansac; en 1641, accompagnée encore de ses enfants et sans avoir pu terminer son procès, elle retourne à la Martinique, où son mari, en son absence, avait joué et perdu tout son bien; enfin, en 1646, après la mort de celui-ci, elle repasse en France, toujours avec ses enfants, et elle meurt, quelques années plus tard, du chagrin que lui avait causé la transaction passée avec le sieur de Sansac.

Or, tandis que la Beaumelle faisait ainsi parcourir les mers à Jeanne de Cardilhac et à ses enfants, ils étaient soit à Niort, soit à Paris. En réalité, ils n'ont fait le voyage de la Martinique qu'une fois, vers 1643, c'est-à-dire un an environ après la mise en liberté de Constant d'Aubigné.

¹ La date de cet élargissement remonte à la mort de Richelieu (1642), qui avait constamment refusé de l'autoriser, malgré les supplications de Jeanne de Cardilhac, à laquelle il dit un jour que *c'était lui rendre service que de lui ôter un tel mari.*

Au surplus, dans son *Histoire de madame de Maintenon*, M. le duc de Noailles a adopté, à peu près sans réserve, la version de la Beaumelle; et M. Théophile Lavallée a été à la veille d'en faire autant, dans la *première* édition de son *Histoire de la maison royale de Saint-Cyr* (1856).

En effet, comme la Beaumelle, M. Lavallée a rattaché à l'année 1639 la sortie de prison de Constant d'Aubigné, de même que son départ pour la Martinique, et cette première hérésie entraînait forcément toutes les autres. Mais M. Lavallée a senti le sol lui manquer sous les pieds, et il s'est arrêté. Malheureusement cette halte avait empreint d'une grande sécheresse le chapitre II de son livre, où l'on eût cherché en vain le moindre détail sur les faits et gestes du père et de la mère de madame de Maintenon, personnages importants dont il s'était à peu près borné à citer les noms. Mais dans sa seconde édition (1862), il a très-heureusement comblé cette lacune, et donné par là à son œuvre, — si remarquable déjà, — le couronnement qui lui manquait[1].

[1] Le livre de M. Lavallée a été couronné par l'Académie française; celui de M. le duc de Noailles a ouvert à son auteur les portes de ladite Académie; mais la Beaumelle a tâté de

M. Lavallée a ainsi complété son travail à l'aide
de nouveaux documents dont il est personnelle-
ment détenteur ; mais nous croyons aussi que
l'excellente Notice biographico-généalogique que
M. Ap. Briquet a publiée sur les ascendants de madame de Maintenon (*Bulletin du Bibliophile*, mois
de septembre 1860) [1], ainsi que les matériaux ana-
logues que nous avons insérés nous-même, l'année
dernière, dans ce recueil, ne sont pas étrangers
aux modifications que M. Lavallée a apportées à la
première édition de son ouvrage.

Qu'il veuille bien nous permettre cette pensée,
car, — si modestes soient-elles, — les sources où
l'on puise la vérité ont aussi leur orgueil.

Maintenant, en vue d'aider à l'intelligence des
lettres qui suivent, nous croyons devoir ajouter

---

la Bastille pour avoir publié le sien. Il semble qu'il ait été
dans la destinée de madame de Maintenon d'ouvrir et de fermer toutes les portes. Nous espérons qu'elle ne laissera pas
M. Lavallée sous le péristyle de l'Institut ; d'autant plus que madame de Maintenon trouvera, pour cela, un auxiliaire naturel et
puissant dans les travaux antérieurs de son judicieux historien.

[1] M. Briquet n'a pas dit son dernier mot à ce sujet. Il
nous promet un *erratum complet* pour tous les ouvrages qui
ont paru sur madame de Maintenon ; et nous ne pensons pas
qu'il ait renoncé à ce projet.

quelques mots pour rappeler au lecteur quels étaient les personnages qui les ont écrites.

Aubigné (Théodore-Agrippa d') est né à Saint-Maury, près Pons, en Saintonge, le 8 février 1550, et il est mort à Genève le 29 avril 1630 [1]. Sa naissance coûta la vie à sa mère, et il nous apprend lui-même que c'est la raison qui le fit nommer Agrippa : *quasi ægri partus*. A l'âge de six ans, il lisait déjà le latin, le grec et l'hébreu. Homme de guerre, historien, écrivain satirique et poëte, Agrippa est une des figures les plus remarquables, les plus extraordinaires du seizième siècle. Il fut successivement écuyer de Henri IV (auquel il parlait avec une *rude franchise*), maréchal de camp, gouverneur de Maillezais, vice-amiral de Guyenne et de Bretagne, etc. Henri IV, le jugeant capable d'écrire de belles choses autant que d'en faire de grandes, l'engagea à travailler à son histoire [2].

---

[1] On voit encore son tombeau, dans l'église de Genève, où il a été inhumé.

[2] D'Aubigné a composé des *Mémoires*, une *Histoire universelle*, *Fœn sle*, la *Confession de Sancy* et les *Tragiques*. Une nouvelle édition de ce dernier poëme, production aussi singulière qu'énergique et puissante, nous a été donnée, en 1857, par les soins ingénieux de M. Ludovic Lalanne. Bibliothèque Elzévirienne. P. Jannet. Paris, 1857. 1 vol. in-18.

D'Aubigné, peu content des actions passées du roi, lui répondit fièrement : *Sire, commencez de faire, et je commencerai d'écrire.* Un jour, en présence de Gabrielle d'Estrées, le roi lui montra sa lèvre percée par le couteau de Jean Châtel. *Sire,* lui dit d'Aubigné, *vous n'avez encore renoncé Dieu que des lèvres; et il s'est contenté de percer vos lèvres; mais, si vous le renoncez un jour du cœur, il vous percera le cœur.* — « Oh! les belles paroles! s'écria Gabrielle; « mais elles sont mal employées.» — *Oui, madame,* reprit d'Aubigné, *parce qu'elles sont aussi inutiles que vraies.* En 1583, il se maria avec Suzanne de Lezay, dont il eut cinq enfants, trois garçons et deux filles, savoir : Marie, qui épousa d'Adde de Caumont ; Louise-Arthémise, mariée à M. de Villette ; Constant, père de madame de Maintenon ; enfin, Agrippa et Henri, dont beaucoup de biographes ont ignoré l'existence, et sur la destinée desquels il n'a été recueilli aucune donnée précise.

Après la mort de Henri IV, d'Aubigné, fatigué des hommes et des choses, se retira dans la retraite et y composa l'*Histoire de son temps*, ouvrage hardi qui fut condamné à être brûlé par arrêt du Parlement de Paris, le 4 janvier 1620. En vue d'éviter les persécutions, Agrippa se réfugia alors à Ge-

nève, où il épousa, vers 1622, Renée Burlamachi,
veuve comme lui et calviniste austère, issue d'une
ancienne et riche famille de Lucques, qui, d'abord
réfugiée à Paris, puis à Sedan, finit par se retirer
en Suisse [1]. Esprit distingué, courage viril, ardente
foi religieuse, telles sont les qualités que montra
Renée Burlamachi, et dont les lettres ci-après
transcrites portent la vive et brillante empreinte.

Les ennemis d'Agrippa, voulant mettre obstacle à
ce mariage, lui suscitèrent un procès, et le firent
condamner à avoir la tête tranchée, pour avoir employé les matériaux d'une église ruinée à recon-
struire quelques bastions de la ville de Genève. C'é-
tait le quatrième arrêt de mort prononcé contre lui

---

[1] Renée Burlamachi était veuve de César Balbani. Elle a
laissé des *Mémoires*, où elle retrace les maux et les persécutions que sa famille eut à éprouver au milieu des guerres
religieuses qui déchiraient alors la France. Il y a eu deux
autres Burlamachi dont l'histoire a conservé les noms et qui
étaient natifs l'un et l'autre de Genève : le premier (*Fabrice*),
né en 1626, mort en 1693, desservit l'église italienne de sa
ville natale, fut pasteur à Grenoble, puis professeur de théo-
logie à Genève. Il publia beaucoup d'ouvrages religieux et
avait une si grande connaissance des livres, que Bayle le
regardait comme *le Photius* de son siècle. — Le second
(*Jean-Jacques*), né en 1694, mort en 1748, était professeur de
droit, et fit partie du conseil souverain. Il a publié plusieurs
ouvrages de jurisprudence.

pour de semblables crimes, *lesquels arrêts*, disait-il, *m'ont fait honneur et plaisir*. Afin d'éprouver le courage de sa future épouse, il alla lui-même lui en porter la nouvelle, qui ne changea rien à la résolution de Renée. Elle se borna à lui répondre froidement : *L'Amour est un dieu plus puissant que le roi de France*. Agrippa la remercia par l'impromptu suivant :

> Quand d'Aubigné se vit un corps sans tête,
> Il maria son tronc pâle et hideux,
> Bien assuré qu'une femme bien faite
> Avoit assez de tête pour tous deux.

Il n'eut point d'enfants de Renée, qui mourut en 1641, selon M. le duc de Noailles, et en 1642, selon la Beaumelle. Ce dernier dit qu'elle devait son prénom à l'abbesse de Saint-Pierre de Reims, fille du duc de Guise, chez qui le sieur Burlamachi s'était réfugié avec sa famille pendant les massacres de la Saint-Barthélemy. La mère de Renée serait accouchée d'elle dans l'hôtel même de Guise, ce qui reporterait sa naissance à l'année 1572 ; mais M. le duc de Noailles la fait remonter à 1567.

Fille de Pierre de Cardilhac, seigneur de Lane, gouverneur du Château-Trompette, à Bordeaux, et de Louise de Montalembert, Jeanne de Cardilhac épousa, en 1627, Constant d'Aubigné, alors prisonnier d'État dans ledit château[1]. De ce lieu, où sa femme lui avait donné deux enfants, Constant d'Aubigné fut transféré, en 1634, dans les prisons de Niort, qui virent naître, l'année suivante, Françoise d'Aubigné, depuis madame de Maintenon. Jeanne de Cardilhac cacha cette dernière grossesse comme un crime, attendu que, son père étant mort, ses autres parents (les Montalembert et les Cardilhac), qui craignaient d'être chargés de sa nombreuse famille, lui *avoient défendu d'accoucher davantage.* Si le fait n'est pas exact, il faut s'en prendre à la Beaumelle qui le donne pour tel. C'est alors que madame de Villette, sœur de Constant d'Aubigné, recueillit les trois enfants, qui étaient en proie à toutes les horreurs de la misère, et les éleva au château de Mursay, près de Niort. Le dernier conseil que Jeanne de Cardilhac donna à sa fille en mourant fut de *se conduire comme craignant tout des hommes, et comme espérant tout de Dieu.*

---

[1] Constant d'Aubigné avait été incarcéré sous la triple accusation d'assassinat de sa première femme, de trahison envers la France lorsqu'il était en Amérique, et de fabrication de fausse monnaie.

Nous terminons cette série par la transcription d'un acte notarié, passé en 1627, et dans lequel figure le père de madame de Maintenon, comme codébiteur d'une somme de cent cinquante livres tournois.

LETTRE D'AGRIPPA D'AUBIGNÉ A MADAME DE VILLETTE, SA FILLE [1].

Ce 9ᵐᵉ aoust.

Ma fillette, un habitant de vostre Mursay vous porte et dira de mes nouvelles. Nous sortons, Dieu mercy, de la famine ; la guerre ne nous est pas si espouvantable qu'elle estoit. Nous sommes menacés de quelque peu de contagion, l'hyver ayant passé par-dessus. Je serois bien aise de voir vostre doux maytre [2] et vous, pour vous faire gouster la douceur que Dieu donne à ma vieillesse. Les chemins du Berry et de la Bourgogne ne sont plus aux bri-

[1] Cette lettre, évidemment écrite de Genève vers 1626, a été analysée par la Beaumelle en *quatre lignes*. Voyez page 18 du tome VI de ses *Mémoires de madame de Maintenon*.

[2] Son mari, M. de Villette.

gandages comme ils ont esté. Si Dieu nous donne
ce contentement, je voudrois bien deux choses en
nostre eschipage[1] : l'une, un des petits enfants de
vostre sœur[2] tel que vous deux choyirés, et puis
que vous me fassiés faire un couble[3] de pliées de
toile qui ait quatre grands doits plus que l'aulne[4],
la pièce de vingt-cinq aulnes; que vous ne regar-
diés point ce qu'elle coustera, pourveu qu'elle soit
belle et bonne. Voilà les affaires d'Estat desquelles
vous entretient

V. B. P[5].

Au dos est écrit : *A madame de Villette, à Mursay.*

---

[1] Équipage.

[2] Marie d'Aubigné, sa fille aînée, mariée à M. d'Adde de
Caumont.

[3] Une couple.

[4] En marge se trouve le renvoi suivant :
« *Ou bien qu'une des pliées n'ait qu'une aune pour la donner à ma femme, qui aime fort vos toiles.* »

[5] *Votre bon père.* Quant à sa signature, elle est formée de
trois *aleph* ou de trois *a* hébraïques, ce qui, probablement,
représente les trois *a* qui figurent dans le nom AgrippA d'Aubigné. Autrement dit, c'est une sorte de monogramme. —
Afin de ne pas revêtir la peau du lion, nous déclarons ici que
nous devons l'explication qui précède à l'obligeance si gracieuse du savant M. Alfred Maury, de l'Institut.

LETTRE D'AGRIPPA D'AUBIGNÉ A M. DE VILLETTE, SON GENDRE [1].

M. s. y. la multitude des dépesches que j'ay sur les bras fera que je n'escriray qu'à vous; quand aux pertes que nous faisons en poursuivant nostre reste, j'estime qu'elles vous sont pour le moins autant sensibles qu'à moy. Quand vous aurez sauvé le reste de la tempeste, je n'en prendray que part d'aisné. Finissez l'affaire : je crains bien que le trouble particulier se généralize, et l'estime comme infaillible. Le principal point de mon billet [2] est pour l'affaire de 50,000 livres. Après avoir prié Dieu dessus, pensé et repensé, j'en viens là que c'est une séparation fort dure; mais que plus dure seroit la privation entière, à quoy se doit résoudre qui ne se veust priver du ciel. Vous aurez ce mot d'Apollion : Que Dieu m'a bien assisté en cette affaire! Prions-le tous.

---

[1] Voyez page 18 du tome VI des *Mémoires de madame de Maintenon*, où la Beaumelle a fait quelques citations de cette lettre, écrite de Genève. M. le duc de Noailles donne à tort le titre de marquis à M. de Villette. Moréri le qualifie simplement de *seigneur* de Villette, et c'est son fils, comme nous le verrons plus loin, qui devint marquis de ce nom.

[2] C'est-à-dire de cette lettre.

Ce n'est point sans besoin. J'ay comme achevé de bastir mon Crest[1]. Je travaille au moyen de faire qu'il soit pour les miens, sinon eux et moi serons mieux logés au ciel. Au premier loisir, M. de Chautepied et vous saurez des affaires estrangères. Bonjour, ma fille; dis bonjour à tes petits.

V. S^r et aff. P[2].

Ce 9me juin 1627. N S.

Et au dos : *A monsieur de Villette, à Mursay.*

[1] Le Crèt, nom d'une terre qu'Agrippa acheta onze mille écus, selon la Beaumelle, et où il fit bâtir un château. M. Alfred de Bougy, dans son charmant volume intitulé : *Voyage dans la Suisse française et le Chablais* (page 246), parle de ce *joli petit* château qui, situé, dit-il, sur la rive gauche du lac de Genève, au haut d'un monticule planté de vignes, est flanqué de deux tourelles, surmonté d'une lanterne en campanile et n'a presque pas de fenêtres. M. de Bougy a dessiné ce château, qui passa, à la mort de d'Aubigné, aux Micheli, patriciens de Genève.

[2] *Votre serviteur et affectueux père.*

LETTRE ÉCRITE PAR RENÉE BURLAMACHI, SOUS LA DICTÉE D'AGRIPPA
D'AUBIGNÉ, ET ADRESSÉE A M. DE VILLETTE [1].

M, Sa F,-autre q'un sage et diligent ne pourroit
faire ce que vous avés mis à bien. Il n'est pas temps
de vous remercier; vous m'instruirés du reste à
vostre loisir. J'aprouve ce que vous avés fait touchant le sieur de la Barre et de la Voyette. Je ferai
mon devoir pour M. Vannelli. Vous avés un bon mes-
sager en Tonnerac; je luy avois donné cent francs
pour son voyage : il a fait le sot par les chemins; s'il
luy faut pour s'en retourner jusques à une vintaine

---

[1] Cette lettre confirme une assertion de la Beaumelle, touchant l'emploi qu'Agrippa avait proposé à son fils dans l'armée
du roi de Suède, emploi que Constant aurait refusé, aimant
mieux se rendre à la cour d'Angleterre, où, au sujet du siége
de la Rochelle, ville que le gouvernement britannique voulait
secourir, il aurait à peu près trompé tout le monde. Il semble
donc qu'on peut faire remonter cette lettre vers 1627, à
moins qu'on ne préfère la placer entre les années 1628 et
1632, période pendant laquelle on perd la trace de Constant
et qui sépare sa première mise en liberté de son second em-
prisonnement, car il a été incarcéré à deux reprises différentes.
Dans tous les cas, il ne faut pas perdre de vue qu'Agrippa est
mort le 29 avril 1630. Du reste, constatons que la lettre en
question a été analysée *en cinq lignes* par la Beaumelle, qui,
disons-le à sa décharge, a dû travailler presque uniquement
d'après des *notes* ou des *copies* plus ou moins exactes.

d'escus, je vous prie les luy baillier, et aussy ce qu'il faudra pour une couple de chapeaus dont je vous recommande le chois. Vous verrés par ma dernière lettre ce que j'avois pancé pour vous; mais je ne vous règle rien, prenés à mesme de tout ce qui est en ma puissance. La dernière lettre que je vous escris de ma main sera innutile mesment, le roi s'eslognant[1] comme il fait; mais par ces ouvertures j'ay donné ce contentement à ma conscience, *Nihil intentatum reliquisse*. Vous estes mon bienfaitteur, et les biens faits sont dous de la main qu'on aime.

Je suis après à envoyer mon desbauché[2] dans l'armée de Danemarck, où je luy ai préparé un ami pour le recevoir travesti et inconu pour le commencement. Je le connois bien pour estre ennemi des entreprises rudes, comme il a nommé celle-là; mais pour luy faire quitter son Paris, par quelques interssessions puissantes sur moi qu'il a employées, il n'a seu obtenir de moi le secours d'un teston[3]. Maintenant il promet de franchir la barrière. Je luy escris que, m'en asseurant, je lui feray donner de

---

[1] S'éloignant.

[2] Constant, son fils.

[3] Ancienne monnaie d'argent qui valait environ douze sous.

quoy partir de Paris et aller jusques à Hambourg;
là, il receuvra de quoi achever son voyage. Je veus
eslogner de mon nés et d'autrui la puanteur de sa
vie. Si je pouvois le faire employer plus loin, je le
ferois pour luy faire gouster, là, quelque vie honeste; et moi, sogneus de luy, à Paris, je ne conois
point s'il me trompe par quelque excuse que se soit.
De l'argent du desloger, il m'espagnera plus en
deus ans qu'il n'aura desrobé à soi-mesme. Voilà
mon dessein, dont je demande vostre advis, en le
tenant secret.

Je n'ai point de parolles à vous remercier de vre
labeur par lequel j'ai ce que j'ai sauvé. Quant vous
aurés loisir, vous mettrés à part vos dépances pour
moi avec la perte de gasteau; et puis nous verrons
ce que Dieu nous donne pour vous y donner autant
de puissance qu'à moy. Quant à la famillie de Surimeau[1], je m'efforcerai de la soulager en ce que je
pourrai, encore qu'il fust plus raisonable qu'ils

---

[1] Il s'agit de sa fille, Marie d'Aubigné, et de son mari,
M. Adde de Caumont, qui habitaient Surimeau, une des terres
d'Agrippa. Quant au mot de *famillie*, employé pour celui de
famille, il ne faut pas oublier que c'est Renée Burlamachi qui
écrit sous la dictée de son mari, et qu'elle était d'origine italienne. Dans sa correspondance, nous trouverons d'autres expressions en italien *francisé*.

mangessent leur part de ce bien que ce qui me
reste, comme estant réduit au petit pié[1] sans vostre
filiale action. Je ne ferai rien de ce côté-là que par
l'advis de mon unique[2], à qui j'en escrirai, Dieu aidant, à la première comodité. Je la prie qu'elle y
pance cependant. Le reste à $\overline{\text{vre}}$ vue désirée que
vous nous promettés encore[3]; pour vous en faire
plus d'envie, je vous dis que vous vous trouverés
conu et honnoré en ce lieu, et surtout de celle qui
me preste sa main bien aimée pour escrire ses
choses. Dieu vous ameine!

V. B. P.

Monsieur[4],

Je vous suplie avoir agréable que je vous présente et à Madame ma fillie[5], mes très-humbles

---

[1] *Être réduit au petit pied*, c'est-à-dire à un état fort au-
dessous de celui où l'on était précédemment.

[2] Il désigne ainsi madame de Villette, sans doute par suite
du mécontentement que lui causaient ses autres enfants.

[3] Allusion à la promesse que M. de Villette lui avait faite
d'aller le voir à Genève.

[4] Ici, Renée écrit pour son propre compte.

[5] Madame de Villette, qu'elle nomme *sa fillie* (sa fille). Voyez
a note de la page précédente.

baise-mains. J'ai tant escrit que je n'ai eu nul loisir pour moi. Je baise chèrement v̄re petit aimée.

De Genève, ce 7 de juin.

En marge est écrit : *Prenés vous garde de la quittance de Lesvesques : car ce n'est pas à luy à la donner, mais au receveur des amandes. Là-dessus bon conseil.*

Au dos est écrit : *Monsieur de Villette, à Mursay.*

LETTRE COLLECTIVE DE RENÉE BURLAMACHI ET D'AGRIPPA D'AUBIGNÉ A M. DE VILLETTE.

Monsieur,

Je ne vous saurois dire la peine en quoy nous sommes de n'avoir eu aucunes nouvelles de vous depuis que vous estes parti de Paris. Dieu nous fasse la grasse d'avoir bien tost de vos lettres, telles qu'elles sont désirées. Je vous mandois par ma dernière que Monsieur[1] se trouvoit mal; vous saurez

---

[1] Par ce mot, elle désigne son mari.

par ceste-si sa bonne santé; par la grasse de Dieu,
il est remis à son accoustumée. Il dort fort bien et
mange de très-bon apétit. Il dit qu'il ne vous es-
crira point qu'il n'ait de vos lettres, et qu'il ne vous
sauroit rien mander de certain; car la guerre
d'Italie n'a encores fait que des morgues[1]. Les Im-
périaus avoient toutefois bien comancé, ayant pris
tous les forts d'entour de Mantoue, hors mis un, et
ceus qui y comandoyent prisoniers, pour avoir ca-
pitulé sans raison. Un de ceus-là a esté exposé à la
foi de Colalte[2] qui le demandoit sur sa parole de le
restituer après avoir donné un tesmoignage d'humilité à l'empereur; mais tout a esté expliqué au
privilége du concile de Trente, et le Duc, qui vouloit avoir la main à l'espée et au chapeau tout ensemble, traité comme hérétique. Les Vénitiens, tenant la cunctation[3] des Fransois pour désertion,

---

[1] Bravades.

[2] Colalto (Raimbaud) était fils du comte Antonio et de Julio, marquise de Tovelli. Il naquit en 1579, fut élevé à la cour de l'empereur et rendit de grands services à Rodolphe II, à Mathias et à Ferdinand II. Il commandait les armées de ce dernier en Italie, et surprit Mantoue le 18 juillet 1630. Quelque temps après, en revenant d'Allemagne, il mourut à Coire, capitale des Grisons. (MORÉRI.)

[3] Cunctation, du latin *cunctare*, temporiser, hésiter.

ont, contre l'estime qu'on faisoit d'eux, couché[1] de leur reste, jetté deux régimans dans Mantoue, et sont à la guerre tant qu'elle durera. Nous et nos voisins vivons en sécurité; Dieu veuillie[2] que se soit en seureté! Ce que nous avons d'Allemagne promet beaucoup; mais Paris vous donne cela, et les vérités qui en viennent sont clair-semées. C'est ce que j'ai peu avoir de Monsieur pour vous mander, après l'avoir bien flaté. Je tiens que vous avés à ceste heure accru v̅r̅e famiglie[3]. Je prie Dieu pour la santé des petits et principallemant pour la vostre et de madame ma fillie, et vous souhaite à tous une bonne et heureuse anée, avec autant de bénédiction et prospérité que désire,

Monsieur,

Vostre très-humble servante et fidelle mère,

RENÉE BURLAMACHI.

---

[1] Terme de jeu : coucher sur une carte une pistole. *Figurément*, se dit d'un homme qui, dans une affaire, hasarde tout, met le tout pour le tout. (*Dictionnaire de l'Académie*, édit. de 1694.)

[2] Italien francisé, pour Dieu veuille!

[3] Famille. Allusion à la grossesse de madame de Villette.

Est écrit de la main d'Agrippa d'Aubigné, le paragraphe suivant, intercalé dans la lettre :

« Si ce n'estoit pour sçavoir des nouvelles de mon unique, je m'excuserois sur ma maladie et ne vous escriroys point; car vous me devez 2 responces. Pour Dieu! que je sache que nous ha Dieu donné[1] ! »

V. B. P.

De Genéve, ce 6 de janvier 1630[2].

Et au dos : *A monsieur de Villette, recommandée à la courtoisie de monsieur de la Voyette, pour la faire tenir seure[1] sil luy plaist.*

LETTRE DE RENÉE DE BURLAMACHI A M. DE VILLETTE.

Monsieur,

J'ai toujours de la joye quant je vois vostre main cõe m'aporta la chère vostre que je receus mardi

---

[1] Il suppose que madame de Villette est accouchée. La Beaumelle a reproduit ce paragraphe, mais avec inexactitude. Voyez page 21 des *Mémoires* déjà cités, tome VI.

[2] Agrippa d'Aubigné est mort trois mois après la date de cette lettre, le 29 avril 1630.

passé, du 4 avril; et nous avions la dernière du dit mois, qui ne m'a pas donné le contantemant tout entier, puisque vous aviés de vos enfans incommodés. Ceste mauvaise maladie de la petite vérolle donne tousjours de grandes appréhensions, bien heureus ceus qui en sont quites et bien guéris; pour l'absès qui opéra, il poura délivrer vostre petite de se fâcheus et douloureux mal. Je prie Dieu qu'il en garde les autres, et qu'il soulage madame ma fillie[1] de tant de peines. Nous voici dehors d'un long et importun hiver, qui nous donne bien souvant des jours plus froits qu'à Noël. Je dirai, selon ma coustume, qu'il faut prier Dieu qu'il nous donne la pais et la santé, qui est assés bonne, Dieu merci; mais pour le premier, nous avons besoin que la garde d'Israël soit pour nous, qui voyons le feu et la tempeste s'aprocher.

Il est entré, depuis peu de jours, dans la Franche-Comté, 18 mille homes; l'advis qui est arrivé en même temps que la lettre du 4 avril, portoit justement : l'effet c'est ensuyvi. En antrant, ils ont bruslé 7 villages, et se mettent en devoir de tout raser et brusler. Il passe 8 mille Souysses[2] par le

---

[1] Madame de Villette.
[2] Suisses.

baliage de Gex, pour se trouver avec le reste des
forces de Sa Majesté. Voilà notre estat, Monsieur,
qui nous fera acroistre la charté qui est desjà exces-
sive de toutes sortes de danrées. Nous pouvons bien
dire que nous sommes en la dure saison. J'ai toujours
la poure [1] ville de Sédan devant mes yeus. On en
fait courir issi d'estranges bruits. J'ai escrit à Monsieur de Vassinac, pour avoir de ses nouvelles, et
en quelle condition se trouvera leur vicomté, au
milieu de tant de confusions. Je crois que sa femme
eût mieus fait de le suivre come depuis tant d'années ils avoyent résolu; mais il y a partout sujet de
crainte. Il faut atandre le vrai et asseuré repos ail-
lieurs, car il ni a plus entre nous loy ni foy. Pour
les afaires d'Angleterre, il n'en faut plus rien escrire, car se qu'on nous mande une semaine come
chose très-asseurée, l'ordinaire d'après on dit d'une
autre fasson, tellemant qu'il faut atandre se que
Dieu en aura ordonné.

---

[1] Pauvre. La ville de Sedan fit partie de la maison de La
Tour d'Auvergne jusqu'en 1641 (*date de cette lettre*), époque
à laquelle le duc de Bouillon, frère aîné du maréchal de Turenne, l'échangea avec Louis XIII, pour les comtés d'Albret,
Château-Thierry, Évreux, etc. Louis XIII accorda des privi-
léges aux fabriques de cette ville, mais lui retira l'indépen-
dance municipale, et l'industrie en souffrit beaucoup. Colbert

Madame la Baronne dobigni[1] m'a fait la faveur
de me donner de ses nouvelles par un jeune homme
qui m'est venu voir de sa part. Il m'a dit qu'il a
demeuré autrefois chès vous; il se nome Isaac Clair,
il est allé à Brisac; enfin celte poure dame est encores à Paris, après les mauvaises afaires que
M. Dadou luy donne[2]; à la fin il sen lassera et verra
si la fin louera l'œure[3], mais son dan[4] : car qui
tourmante autruy se done de la peine a soi-mesme.
Je luy dois encores sa part des *histoires*[5], il ne me
la pas demandée, et je ne luy oserois escrire, craignant quelque lettre de luy, selon sa coustume; son
argent est en bon lieu, il l'aura quant il voudra. Si

la releva. Évidemment, c'est à cette circonstance que Renée
fait allusion. Sedan avait une célèbre université protestante,
qui a existé jusqu'à la révocation de l'édit de Nantes. Constant
d'Aubigné y avait été élevé.

[1] D'Aubigné, Jeanne de Cardilhac. Constant était baron de
Surimeau.

[2] Allusion au procès suscité à Jeanne de Cardilhac par d'Adde
de Caumont, et terminé, l'année d'après, par le sieur de Sansac, son gendre. On voit par l'orthographe du nom, qu'en famille on appeloit M. d'Adde, *Dudou*.

[3] L'œuvre.

[4] A son dam, à son dommage.

[5] Il s'agit ici, très-vraisemblablement, ou des manuscrits
laissés par Agrippa d'Aubigné, ou de ceux qu'il avait vendus,
et dont le prix devait être partagé entre ses enfants.

ses fillies estoyent sage, elles seroyent à plaindre, mais quelques afaires qu'il y ait, je ne leur pardonc point qu'elles ne fassent leur devoir envers vous, monsieur et madame ma fillie; elles doivent en faire estat come de se qu'elles ont de plus cher pour leur honneur; elles connoitront un jour leur faute; se seroit avec un extréme regret si l'aisnée se laissoit aller jusques là de se marier sans le conseil de vos dignes persones, et surtout à un papiste[1]. Si le père est si malheureus que de consantir à telle chose, il feroit dire à beaucoup de personnes qu'il a peu la mémoire de nostre bon monsieur[2], encores qu'il le tesmoigne assès par beaucoup de mauvaises actions; mais ceste si passeroit toutes les autres. Nous sommes en un siècle qui nous fait craindre du mal, plus que d'oser espérer du bien. Il ni a rien qui soit digne de vous entretenir davantage, qui sera cause que je finyrai, avec mes ordinaires prières et souhaits pour la prospérité de vostre belle et exellante famille, et principallement pour vos

---

[1] Il est question ici du mariage d'Arthémise de Caumont avec le sieur Nesmond de Sansac. Voyez la lettre suivante de Jeanne de Cardilhac, où elle désigne nommément Arthémise, et parle de la *diversité de religion*. D'Adde de Caumont avait un autre gendre du nom de de Launay, marié à Louise.

[2] Agrippa d'Aubigné, mort en 1630.

santés, avec une longue suite d'années, afin que vous puissiès jouyr ensemble des bénédictions que vous désire,

      Monsieur,

            Votre très-humble et obéissante servante et fidelle mère :

                    RENÉE BURLAMACHI.

   Se 7 Mai 1641.

Et au dos : *A monsieur de Villette à Mursay, près Niort.*

—————

LETTRE DE JEANNE DE CARDILHAC A M. DE VILLETTE [1].

Monsieur mon frère,

J'ay receu la chère v͞re du 23 may, où j'ay pensé voir une raillerie en termes bien doux de quelque mot qui m'est possible eschapé sentant la morale que je souhaitterois aprendre de vous, plustôt que de prétendre de vous y faire leson en cela comme en toutes les bonnes choses. Il fault en chercher

—————

[1] La Beaumelle a la prétention d'avoir reproduit cette lettre. On est prié de comparer sa version avec le texte qui suit. Voyez ses *Mémoires* déjà cités, tome VI, pages 30-32.

les principes et l'origine chès vous. J'admire la gentillesse de v̄r̄e moquerie où vous dittes que sy je continue, je profiteray plus en la moralle qu'au droit. Je souhaitte avec grande pasion le mariage de v̄r̄e bonne niepse (quoyque je ne l'espère pas), sur la croyance que j'aurois que ce prétendu gendre seroit plus raisonnable que son beau-père, et qu'ainsy je n'aurois plus à faire de Jurisprudence[1]. Pour ce qui est de La Voyette[2], il faut que v̄r̄e frère vous ait mal expliqué ce que je luy en mande, sy vous avès eu le moindre subjet de croire que j'eusse opinion que vous eussiès contribué en quoy que ce soit à ces visites aussy inutilles que nargantes, estant tousjours dans une curiosité sy importune qu'il ne trouve rien qu'il ne lise. Je seray une austre fois plus circonspecte à ce que j'escriray.

J'ay fait porter, et tout promtement, vos lettres à M. de La Relle; et pour M. de Vaugelas, je luy ay fait faire compliment de v̄r̄e part : à quoy il a respondu civillement, à son ordinaire. Ce médor du-

---

[1] Allusion au mariage d'Arthémise de Caumont et au procès que lui avait intenté le père de cette dernière.

[2] Ce M. de La Voyette était probablement un ami de la famille. Sur la suscription de la lettre, datée de Genève, le 6 janvier 1630 (voir page 38), Renée Burlamachi en recommande la remise à la *courtoisie* de ce personnage.

quel vous me parlès, en tant que tel, méritera un mausolée de v̄r̄e niepse Arthémise[1], sy tant est que la diversité de religions et autres difficultés leur permettent de conclure. V̄r̄e frère m'avoit donné espérance de le voir isy où il vient pour parler de son mariage à son oncle. S'il me fait l'honneur de me voir, vous serès adverty fidellement de n̄r̄e dialogue, estant, monsieur mon frère, v̄r̄e très-humble, très-fidelle et obéissante servante,

JEANNE DE CARDILHAC.

Ce 12 Jeuin 1641.

Et au dos : *A monsieur de Villette.*

––––––

LETTRE DE RENÉE BURLAMACHI A M. DE VILLETTE.

Monsieur,

Je n'eusse pas tant demeuré à vous escrire si j'eusse eu quelque sujet digne de vous entretenir; toutefois, je ne voulois plus tarder de vous donner de mes nouvelles, estant assés asseurée de l'honneur

[1] Arthémise de Caumont.

que vous me faites de les avoir agréables. Vous me
le confirmés encores par la très-chère vostre du
30 de May; se sont tousjours des surcrois d'obligations que je ressois de vous, monsieur, et de Madame ma fillie. Je me souhaiterois auprès d'elle, si
l'effet s'an pouvoit ensuivre, pour la servir et luy
ayder aux peines que les maladies de vos enfans
ont acoustumé de donner; mais loué soit Dieu! ils
en sont sortis, hors mis la plus petite, à qui se fâcheus accidant est demeuré. Il c'est souvant ren-
contré de semblables maus en ceste ville, qui sont
guéris, mais c'est avec un peu de longueur. Je vous
dirai, Monsieur, que j'ai veu faire beaucoup d'estat
de l'onguant que vous me nommés, et je l'estime
exellant pour la playe; mais il faut quelque chose
qui dissipe cest humeur en la faisant peu à peu
fluer par la playe qui, après, avecques la bénédiction de Dieu, lui aportera une entière guérison.
Pour les glandes que vous dites, il ne le faut trouver
estrange, on ne sauroit avoir si peu de galle à la
teste[1], comme bien souvant ont les enfans, qu'ils
ne leur vienent des glandes alantour du col; et avec
l'asseurance que les médecins vous donnent, vous

---

[1] On sait que Jeanne de Cardilhac appelait sa fille la *pauvre
galeuse.*

ne devès estre en peine de se fâcheus mal. Je vous
en dirai un exemple d'une de mes petites nièces, de
l'âge de 8 à 9 ans, qui a eu un mal sur la jointure
de la main qu'il falut percer, par l'advis de M. de
Mayerne[1] et du premier sirurgien de Londres, qui
l'ont pancée l'espasse de deus[2] antiers, et le dit sieur
de Mayerne vouloit venir à des remèdes violans, se
que le sirurgien ne voulut soufrir; mais le mal ayant
pris se chemin, cela alloit en longueur, mon frère
m'en escrivyst et me pria de luy anvoyer un certain
remède duquel elle a esté fort bien guérie. Je vous
puis dire que il s'en voit des cures casi miracu-
leuses. C'est pourquoi, Monsieur, je ferai un petit
pacquet que je recommanderai à M. Cantarini, pour
le faire tenir le plus tost possible qu'il se pourra,
afin que vous en puissiès faire user à v͞re petite, si
vous le trouvez à propos, selon le mémoire que je
vous anvoye. Je vous asseure que se remède ne peut
faire mal, mais beaucoup de bien. Je crois vous en
avoir donné la recete; mais je ne laisse de la vous
anvoyer avec le non des herbes que vous trouverès

---

[1] Mayerne (Théodore), médecin de Henri IV, puis de Jacques Ier d'Angleterre. Né à Genève en 1573, mort à Chelsea en
1655. Ses œuvres ont été publiées à Londres en 1700. In-f°.

[2] *Mois*, probablement. Le mot manque.

toutes marquées dans Matiole[1]. C'est le temps de
les cueillir à la Saint-Jean, ou peu après. J'estime
que vous ne manquès d'erboristes qui en ont la co-
noissance; estant à Paris, j'y en trouvai de toutes
celles que nous usons. Si nous n'estions si esloignés,
e vous en fournirois à sufisance; et si vous nen
pouvés recouvrer, il faudra trouver moyen de vous
en faire tenir, et sur tout si elles sont propres à
vostre petite. J'attandrai l'honneur de vos nouvelles.
Je prie Dieu que elles soyent telles que je les
souhaite de bon cœur.

C'est avecques l'amertume de mon âme que jai
veu le mariage qui se traitoit[2]; et ce qui fait redou-
bler mes regrets est la digne mémoire de nostre bon
Monsieur[3], de laquelle ils ont fait peu d'estat; et le
peu de samblant n'a esté qu'attirer à eus[4], se qui ne
peut estre suivi de bénédiction, par des procédures
si iniques. Je crois que se mariage se fera, et Dieu

[1] Matthiole ou Mattioli (P. And.), médecin naturaliste. Sienne,
1500-1577. Ses *Commentaires sur* DIOSCORIDES, publiés en
1544, sont un immense répertoire qui renferme à peu près
toute la science botanico-médicale de cette époque. Ils ont été
traduits en français par Pinet et Desmoulins.

[2] Mariage d'Arthémise de Caumont avec le sieur Nesmond
de Sansac.

[3] Agrippa d'Aubigné.

[4] N'a été que pour accaparer, s'approprier.

veillie que ceste fillie ne fasse le coup d'une malheureuse révolte! Il ne faut rien trouver estrange en se temps plein d'orreurs et de confusions par tout; nous ne saurions faire qu'en gémir et prier Dieu qu'il soustiene et fortifie le petit nombre de ceus qui le prient et l'invoquent en vérité.

Il y a beaucoup de gens de bien qui sont en angoisse pour le désastre de Sédan[1]. J'en ay une particulière afliction comme celle qui a veu le bien que la famillie de feu mon père a receu dans ceste pouvre ville, où nous avons demeuré 8 ans après la Saint-Barthélemy, réfugiés avec très-grand nombres de gens de callité qui eurent leur asille sous l'heureuse postérité que Dieu a toute retirée au ciel. Voilà les changements de se monde. La bonne Duschesse doirière[2] est à plaindre en sa grande affliction, qui ne comanse pas dès asteure[3]; il y a quelques années qu'elle est en se dur exerssisse-là, où Dieu la fortifia. Il faut espérer qu'il luy continuera son assistance. Messieurs de Berne ont eu une soulévation[4] de leurs sujets qui se sont muttinés contre eus pour un impost qu'on leur a voulu mettre d'un po* mille. Il y

[1] Voyez la note, page 40.
[2] Douairière.
[3] Dès à cette heure, à présent.
[4] Soulèvement, émeute.

a eu beaucoup de bruit pour peu de chose, tant po*
ceus qui ont demandé, que pour ceus qui devoient
donner; mais ses peuples, qui sont libres, se veulent
maintenir en leur acoustumée antiquité; il y a eu
plus de trante mille hommes en armes, plus de
septante comunes soulevées; on espère que cela
s'acomodera. Ceux de Berne ont contremandé le
secours qu'ils avoient demandés à nos seig^rs, qui
sont obligés de leur anvoyer trois cents hommes en
cas de nessité[1], comme aussi eus à nous. C'est un
acort qui fust fait quant ils firent leurs aliances. Ce
sont toutes les nouvelles que je vous peus dire pour
ceste heure, qui me fait achever, avec mes ordinaires souhaits pour la bénédiction de toute vostre
famillie, avec la bonne santé de Madame ma fillie
et de vous, comme celle qui est

     Monsieur,

          Votre très-humble et obéissante
          servante et fidelle mère;

               RENÉE BURLAMACHI.

De Genève, se 25 de Juin 1641.

  Au dos est écrit : *A monsieur de Villette, à Mursay, près
Niort.*

---

[1] Nécessité.

Madame ma sœur,

Vous trouverrés tousjours en moy les dispositions d'une personne qui vous honore parfaitement; je confesse que je ne vous ay point dissimuslé le desplaisir que je recevois des mauvais déportemens de vre frère[1], ne vous ayant jamais rien caché; mais je les ay toujours suportés et les souffriray autant de temps qu'il plaira à Dieu, ayant bien mérité le traittement que j'an ai receu. Mais sur ce que vous me mandés de révoquer la résolution que j'ay prise de me mettre en pension dans un couvant, c'est à présent trop tard, y estant il y a tantost un moix; et je ne comprends point pourquoy vous croyés vre frère plus privé de moi, estant où je suis, que lorsque j'estois logée dans la cour du palais, n'estant isy obligée à rien qu'à vivre comme je faisois dans le monde. Je m'assure, madame ma sœur, que vous m'objecterés que s'y j'avois dessain de retourner dans le péis, je n'aurois pas changé de demeure pour 6 moix ou un an, tant plus que moins, que

---

[1] Constant, son mari, qui était alors en prison à Niort.

pouront durer mes affaires ; mais à cela j'ay à vous
respondre que je ne pouvois faire autrement, et
quoy qu'il me fâche assés d'escrire ces choses pour
l'advantage qu'en peuvent tirer les C[1].....le sachant,
je vous porte tant de respect que je me croy obligée à vous dire mes raisons que vous gousterés
assûrément, sy, pour en bien juger, vous vous
despouillés de la pastion de seur pour vous mettre
en ma place par imagination.

Vous saurés donc qu'il y a plus de dix-huit moix
que je vis isy avec mes enfans par la providence
seulle de Dieu, et roulle[2] de sy peu que cela n'est
pas croyable. Je vous en donneroy de bons tes-
moins, n'ayant pas receu depuis ce temps-là 500 livres, tellemant que je me suis trouvée sans un sol,
devant à tout le monde, trois cartiers de la maison
où j'estois, à boulanger et autres gens. Je vous
laisse à penser ce que je pouvois faire ; mais comme
j'ay apris de longue main que de deux maux il fault
choisir le moindre, et qu'encor de ce moindre il
en fault tirer tout l'advantage quon peut, voisy ce
que j'ay fait : soubs prétexte de n'avoir que faire

---

[1] Les Caumont, évidemment.
[2] Rouler. Trouver moyen de subsister. Il roule sa vie comme
il peut. (*Dictionnaire de l'Académie*, édit. de 1694.)

de meubles, me retirant dans un couvant (quoy qu'en effet il en faille, mais moins), j'ay vandu tous mes meubles, à la vérité très-peu, d'autant qu'il falloit que ce fust tout à la fois, l'hoste du logis n'ayant rien laissé sortir qu'au préalable on ne l'ust peyé ; je m'en suis aquistée le plus que j'ay pu, et me suis mise isy où une femme d'honneur et de vertu, à laquelle je prie Dieu que je puisse rendre un jour quelque service ou au siens, a respondu pour moy comme elle a fait pour mes anfans, qui sont isy auprès, seullement jusques à la Saint-Michel. Voilà la seule assistance que j'aye trouvée isy, que j'aye voulu prendre ; il est vrai qu'on m'a assés offert de choses, mais c'estoit personnes desquelles je craignois la conséquence [1].

Après cela, jugés, s'il vous plaist, s'y j'auray de la pene [2] à me justifier à moy-mesme, comme vous dittes, et sy je pouvois faire chose meilleure et plus honeste celon Dieu et celon les hommes que ce que j'ay fait. Vous appellés cela de légers désordres de la part de vre frère, de mettre, par un mauvais mesnage,

---

[1] Peut-être s'agit-il ici du duc de Saxe-Weymar, lequel, d'après la Beaumelle, fut le seul qui assista Jeanne de Cardilhac de sa bourse et de son crédit, au temps où elle sollicitait l'élargissement de son mari.

[2] Peine.

sa femme et ses anfans en tel estat tous les jours, et
vous voudriés que je n'y misse pas ordre? A la fin,
madame ma seur, il est temps que je me face sage
à mes despends, et j'ay trop resenty ce dernier coup
pour l'amour de mes anfans, pour n'y pas songer à
l'advenir. Je crois que vous aurés subjet de le trouver bon puisque j'auray l'aprobation de tous les
gens d'honneur et la bénédiction de Dieu qui voit
mon cœur, sçait mes raisons, et que ce n'est que
pour sa plus grande gloire tout ce que j'entre-
prends. C'est là mon but et ma fin, et ainsy je croy
qu'on doit aprouver les moyens desquels je me sers
pour y parvenir; je croy que s'en est un de me
dire, y estant obligée en tant de façons,

Madame ma seur,

Vre très-humble servente et très-obéisante

J. de CARDILHAC[1].

Je suis très-humble servente à mon frère.

Ce 23 jeuillet 1642.

Et au dos : *A madame de Villette.*

---

[1] M. Lavallée a médité cette lettre avec moins de fruit que
les autres documens qu'il a en sa possession ou dont il a eu

ACTE NOTARIÉ OU FIGURE LE PÈRE DE MADAME DE MAINTENON[1].

Messire Antonyn de Verteul, chevalier, seigneur et baron de Freillas, y demeurant en Bourdelais,

connaissance dans l'intervalle de la première à la deuxième édition de son livre. En effet, il dit, (page 9 de cette dernière édition), que Jeanne de Cardilhac quitta son mari, *ainsi que ses enfants*, et s'en alla à Paris; mais, ajoute-t-il en forme de correctif, c'était pour y suivre un procès, etc.

Sans doute, c'était là le but apparent de son voyage; mais, ce procès terminé, au lieu de retourner auprès de son mari qu'elle avait laissé dans les prisons de Niort, elle se retira dans un couvent; et c'est ce que ne dit pas M. Lavallée, qui, d'un autre côté, sépare à tort les enfants de la mère. Or, ce n'est pas là ce qu'eût fait la Beaumelle, qui, comme on l'a vu, aimait tant à les faire voyager ensemble, alors même qu'ils ne bougeaient pas de place. On peut donc dire que dans cette circonstance, la Beaumelle est pour le *mouvement*, et M. Lavallée pour *l'immobilité*. Dans tous les cas, nous préférons la théorie de la Beaumelle, qui tend du moins à prouver que Jeanne de Cardilhac était une excellente mère qui consentait volontiers à s'éloigner de son mari, mais non de ses enfants.

[1] M. Rathery a bien voulu prendre la peine de nous faire le déchiffrement de l'acte ci-après transcrit. C'était l'énigme du Sphinx que cette écriture de Tabellion; et nous eussions été très-certainement dévoré par le monstre, sans la sagacité du savant ingénieux à qui les lettrés devront de connaître, bientôt, dans leur intégrité, les *Mémoires du marquis d'Argenson*, comme ils lui doivent déjà tant d'autres publications marquantes.

estant de présent en ceste ville de Paris, logé au logis de la damoiselle Olivier, rue Chappon, parroisse Sainct-Nicolas-des-Champs,

Et messire Constant Dobigny, chevalier, seigneur et baron du Cret[1], demeurant de présent en ceste ville de Paris, logé en la dite maison d'icelle damoiselle Olivier,

Et Françoise de Noirfontaine, vefve de feu Guillaume Olivier, vivant conseiller du Roy et commissaire extraordinaire des guerres, recéant (?) icelle maison ci-dessus mentionnée où les dits sieurs de Vertheul et Dobigny sont logés,

Confessent debvoir et loyaulment l'un pour l'autre et chacun d'eux seul pour le tout, sans division desmours (?) ne forme de prescription (?), renonçant aux bénéfices de leur division, prescription, ordre de droit et de desmours,

A noble homme Nicolas Marchant[2], advocat en Parlement, demeurant à Blois, à ce présent et acceptant, ou au porteur, la somme de cent cin-

---

[1] Dans son contrat de mariage, du 27 décembre de la même année, Constant a pris le titre de baron de Surimeau.

[2] Constant d'Aubigné avait épousé, en premières noces, le 30 septembre 1608, Anne Marchant, veuve de Jean Courant, seigneur et baron de Châtelaillon, laquelle était très-probablement l'alliée de ce Nicolas Marchant dont il s'agit ici.

quante livres tournois, pour prest d'argent à eulx fait en leurs besoings et nécessités par ledit créancier, promettant de lui payer et rendre les dits cent cinquante livres tournois dedans quatre mois prochains venant... l'un pour l'autre et comme dessus est dit [1]...

Fait et passé à Paris, en la dite maison où sont logés et demeurent les dits déclarés (?) sur la rue, l'an mil six cent vingt-sept, le neufvième juillet [2], avant midy, et ont signé :

CONSTANT D'AUBIGNY,

ANTONIN DE VERTEUIL,

DENOIREFONTAINE,

N. MARCHANT.

---

[1] Comme on le voit, ils se cotisent, ils se mettent trois pour rembourser une modeste somme de cent cinquante livres tournois; et ce fait témoigne à la fois des malheurs du temps et de l'*impécuniosité* des gens de condition, pour parler le langage de Scarron.

[2] Cinq mois et demi après, étant alors prisonnier au Château-Trompette, à Bordeaux, Constant d'Aubigné épousa Jeanne de Cardilhac.

DEUXIEME SÉRIE

NOTICE

Deux lettres très-curieuses, malgré leur peu d'é-
tendue, ouvrent cette seconde série. L'une et l'autre se rattachent à la mort de Scarron ; et nous
insisterons sur la seconde de ces lettres, qui, à nos
yeux, a une importance incontestable.

Scarron venait de mourir comme il avait vécu,
c'est-à-dire le plus gaiement du monde [1], en lais-

---

[1] Un moment avant d'expirer, il dit : « *Je n'aurais jamais
cru qu'il fût si aisé de se moquer de la mort.* » Un hoquet
l'avait pris quelques jours auparavant : « *Ah !* s'écria-t-il, *si
j'en reviens, je ferai une belle satire contre le hoquet.* »

4

sant à sa jeune veuve deux *beaux yeux* pour pleurer, sinon pour le pleurer[1]. Parlons plus nette-
ment. En allant de vie à trépas, le pauvre poëte avait
oublié de laisser un héritage, ou plutôt, en cher-
chant bien, on avait fini par en découvrir un, mais
si compliqué, si embrouillé, où le *Doit* et l'*Avoir*,
l'*Actif* et le *Passif*, étaient tellement enchevêtrés et
confondus, que le diable en personne aurait eu beaucoup de peine à démêler un pareil écheveau. Or,
cette énigme posthume, cette équivoque moqueuse
qui pesait sur le sort de Françoise d'Aubigné, ré-
jouissait fort ses nombreux adorateurs; ils espérè-
rent que la misère leur livrerait enfin celle dont les
regards, — pour parler le langage de ces messieurs,
— avaient commis tant de *meurtres* dans leurs
rangs.

Quoi qu'il en soit, les amis de la belle veuve s'a-
larmèrent, et M. et madame de Villette lui expri-
mèrent le désir de connaître au vrai la situation
que lui avait faite le défunt en mourant. C'est à ce
vœu que répond leur nièce dans la lettre qui nous
occupe, laquelle est, sans contredit, une des pages

---

[1] Scarron reconnut par contrat à sa future : « quatre louis
de rente, deux grands yeux fort mutins, un très-beau corsage,
une paire de belles mains et beaucoup d'esprit. »

les plus attendries, les plus émues que jamais elle
ait écrites.

En effet, cette mort, qui l'exposait de nouveau
à toutes les luttes du présent, à toutes les incertitudes de l'avenir, a été une époque suprême dans
sa vie; et, si Françoise d'Aubigné a parlé quelque
part sans restrictions et sans voile, ç'a dû être dans
ce moment-là. Placée devant le tombeau à peine
fermé de son mari, elle voyait s'enfuir alors, non
son bonheur, — le bonheur est une coupe que ses
lèvres n'ont jamais pressée, — mais cette existence
calme dont elle avait joui pendant neuf ans dans
l'intérieur du poëte, retraite modeste il est vrai,
mais où cependant, au sein d'une société choisie
dont elle était la reine, elle avait goûté de délicieux
moments : douce paix du cœur, triomphes plus
doux encore de la grâce et de l'esprit, qui eussent
peut-être suffi pour toujours à cette âme ardente et
fière, mais forte et contenue [1].

On doit donc croire à sa foi, à sa sincérité,

---

[1] Suivant Segrais, (*Mémoires anecdotes*), la maison de Scarron était le rendez-vous de tout ce qu'il y avait de plus poli
à la Cour et de tous les beaux esprits. Ménage, Pellisson, les
Scudéry, le maréchal d'Albret, mesdames de la Suze, de la
Sablière, etc., en étaient les familiers.

lorsque, dans cette lettre, elle prétend *n'être pas destinée à être heureuse*, et qu'elle appelle les tristesses du présent *des visites du Seigneur*.

Du reste, si un vif intérêt s'attache à ce qu'elle nous apprend sur *l'état de ses affaires*, l'opinion personnelle qu'elle exprime touchant le pauvre cul-de-jatte mérite aussi d'être conservée. *Ce pauvre homme*, dit-elle, *mangeait tout ce qu'il avait de liquide sur l'espérance de la pierre philosophale, ou de quelque chose aussi bien fondée*. Finalement, il lui laissa *dix mille francs de bien et vingt-deux mille francs de dettes*.

C'était une mystification, et il dut y avoir redoublement de joie au camp des amoureux.

Les autres lettres de cette série sont au nombre de quatorze; dix sont adressées à M. de Villette et à la marquise de ce nom, savoir : neuf par madame de Maintenon, une par Ninon de Lenclos.

Les quatre dernières lettres ont été écrites par la marquise de Villette, par le comte de Mursay, son beau-fils, par l'abbesse de Notre-Dame de Sens, sa fille, et par Charles d'Aubigné, frère de madame de Maintenon.

Bien que trois de ces quatre dernières lettres soient adressées à des étrangers, nous ne les pu-

blions pas moins avec empressement, eu égard à
leur commune origine, et afin de compléter autant
que possible la physionomie de cette famille, en
donnant un *spécimen* du style et des sentiments de
la plupart de ses membres.

C'est un genre d'étude qui a son mérite et son
originalité.

LETTRE DE MADAME SCARRON A MADAME DE VILLETTE, SA TANTE.

Ce 23 octobre [1].

J'ai été bien accablée tous ces jours ici (*sic*), et la mort de M. Scarron m'a donné assez de douleur et assez d'affaire pour ne pouvoir vous écrire. Je n'ai même loisir que de vous demander un extrait de mon baptistaire qui m'est absolument nécessaire. Envoyez-le-moi le plus tôt qu'il vous sera possible, et croyez, ma chère tante, qu'en quelque condition que je sois, je suis absolument à vous.

D'AUBIGNÉ.

---

[1] Cette lettre, sans millésime, est de 1660. Selon quelques Biographes, Scarron serait mort le 14 octobre de ladite année, et au mois de juin, suivant Segrais. — Voyez les *Mémoires anecdotes* de Segrais, page 150, édition de 1723. Se-

LETTRE DE MADAME SCARRON A M. DE VILLETTE, SON ONCLE [1].

J'ai trop de marques de votre bonté et de votre amitié pour croire que l'envie que vous me témoignez de savoir l'état de mes affaires soit un simple effet de curiosité; mais, à vous dire le vrai, l'état où je suis est si déplorable, que je crois vous épargner de la douleur, en ne vous en rendant pas un compte fort exact.

M. Scarron a laissé dix mille francs de bien et vingt-deux mille francs de dettes; il m'en est dû vingt-trois par mon contrat de mariage, mais il est fait en si mauvaise forme, que, bien que ma dette soit la première et que, par conséquent, je dûsse être préférée aux autres créanciers, je n'aurai d'avantage sur eux que d'absorber une bonne partie de leurs dettes, à cause que la mienne est plus grande toute seule que toutes les autres ensemble.

grais se trompe. Comme on le voit, la lettre ci-dessus, que nous avons copiée sur l'original autographe, porte la date du 23 octobre, et madame Scarron s'y exprime de façon à faire croire que la mort de son mari remontait alors à quelques jours seulement.

[1] Cette lettre, sans date, a dû être écrite en 1660, peu de jours après la mort de Scarron.

Si bien que, venant à contribution, il faudra que je partage avec eux; après donc avoir bien plaidé, il me reviendra franc et quitte quatre ou cinq mille francs. Voilà l'état du bien de ce pauvre homme, qui avoit toujours quelque chimère dans la tête, et qui mangeoit tout ce qu'il avoit de liquide sur l'espérance de la pierre philosophale ou de quelque autre chose aussi bien fondée. Il avoit commencé une certaine affaire auprès de M. le Procureur, que je tâche de rendre bonne, et, si j'en viens à bout, je crois qu'elle sera suffisante pour me mettre l'esprit en repos. Voilà bien vous parler de mes affaires; mais vous l'avez voulu ainsi. Vous verrez par ce que je vous en dis que je ne suis pas destinée à être heureuse; mais, entre nous autres dévots, nous appelons cela des *visites du Seigneur*, et nous mettons tout au pied de la croix avec une grande résignation. Je souhaite qu'il y ait plus de prospérités à Mursay, où j'ai très-certainement les personnes du monde que j'aime avec le plus de respect et de tendresse [1].

D'AUBIGNÉ.

---

[1] Il est piquant d'opposer à cette lettre celle que l'une des sœurs de Scarron écrivit, à peu près à la même date, à l'avocat Louis Nublé, pour lui annoncer la mort du poëte burlesque. Cette lettre a été copiée à la bibliothèque Impériale

de Vienne, par M. Feuillet de Conches, qui l'a consignée à la
page 576 du deuxième volume de ses *Causeries d'un curieux*,
ouvrage dont deux tomes seulement ont paru, (il y en aura
7 ou 8), et qui a pris déjà les proportions d'un monument
littéraire. Scarron disait de ses deux sœurs (Anne et Françoise), « que l'une aimait le vin, et l'autre aimait les hommes. » Il disait aussi qu'il y avait douze coureuses dans la rue
des Douze-Portes, à ne prendre ses deux sœurs que pour
une. » (*Segraisiana* p. 78.) La lettre est de la cadette, fort
belle personne, qui était mal entretenue par le marquis de
Tresmes, dont elle avait un fils, que le facétieux Scarron appelait son neveu *à la mode du Marais*. M. Feuillet de Conches a
bien voulu nous permettre de reproduire la lettre en question,
qu'il rattache, par erreur, au mois de *juin* 1660. La voici :

« Monsieur, je vous escris la mort de mon frère avec toute
la douleur imaginable. Si quelque chose me peut consoler,
c'est la fin qu'il a faite qui est la plus belle du monde. Je vous
prie de prier Dieu pour lui. J'ai déjà parlé de vos intérêts; l'on
dit que tout ira en déconfiture, et par conséquent tout à la
veuve [1]. Je crois qu'il serait bien à propos que vous vinssiez
faire un voyage ici : vous savez l'intérêt que j'y ai. N'ayant
point fait mon partage, l'on m'a conseillé de me prendre à la
terre de madame Cigonne. Je crois que je ne vous ai point
donné de consentement quand vous l'avez achetée. Je vous
prie de m'en mander la vérité comme tout s'est passé le plus
tôt que vous pourrez. Ma belle-sœur s'est mise à la petite
charité [2], fort affligée de la mort de son mari. Je vous demande
la grâce de me conserver une part à l'amitié que vous aviez
pour lui, et de me croire plus que personne, monsieur, votre
très-humble servante.   « F. SCARRON. »

---

[1] Ce *tout* est bien peu si l'on en croit la lettre de madame Scarron.
Qui a raison de la veuve ou de la sœur? Nous croyons que c'est la veuve.

[2] C'est-à-dire au Couvent des *Hospitalières*, dans l'impasse de ce nom,
près la place Royale.

LETTRE DE NINON DE LENCLOS [1] A LA MARQUISE DE VILLETTE.

Le 16 août [2].

Je n'aurois jamais osé, madame, vous faire souvenir de moi à Marsilly, si je n'avois appris par M. l'abbé de Châteauneuf [3] que vous me faisiez l'honneur de vous en souvenir. Cette confiance m'étoit nécessaire, et je vous en suis obligée comme d'un bien qui est mérité par mes sentiments, mais que l'on n'a pas toujours droit d'obtenir. Ne me l'ôtez pas, madame, et que je puisse toujours me flatter que vous me croyez la personne du monde qui connoît le mieux tout ce que vous avez d'aimable. Je crois toujours que je vais plus loin que les autres pour tout ce qui peut toucher le cœur. Permettez-moi cette vieille vanité; je n'ai rien perdu de mes goûts, et je prouve par là que je les ai encore

[1] Lenclos (Anne de) née en 1616, morte en 1706.

[2] D'après nos supputations, cette lettre doit avoir été écrite entre les années 1702 et 1705.

[3] Châteauneuf (F., abbé de), littérateur, parrain de Voltaire, mort en 1709, a publié un *Traité sur la musique des anciens.* C'est par l'abbé de Châteauneuf que Ninon termina sa vie galante; elle avait alors soixante-dix ans, et elle appelait ses liaisons avec cet abbé *sa dernière folie.*

bons. Permettez-moi aussi, madame, de vous parler
de votre aimable famille. J'en aime le chef et je vous
demande, madame, de l'en faire souvenir. Puisque
vous écrivez à notre abbé, je saurai de vos nouvelles, et je demanderai de vivre pour avoir encore
l'honneur et le plaisir de vous voir. Pardonnez
ce griffonnage : l'encre et moi ne faisons rien qui
vaille.   ANNE DE LENCLOS.

Et au dos : *A madame la marquise de Villette, à Marsilly,
par Nogent-sur-Seine.*

LETTRE DE MADAME DE MAINTENON A LA MARQUISE DE VILLETTE.

Vendredi, à midi.

Vous aurez de la peine à avoir M. Maréchal[1]. Il
est souvent incommodé et n'aime pas à s'éloigner
du roi. Je suis en peine de votre sein, et je voudrois
qu'il fût possible que vous n'en ayez pas d'inquiétude, car elle augmentera votre mal. Si c'est peu

[1] Maréchal (G.), premier chirurgien de Louis XIV et de
Louis XV, 1658-1736. Il se distingua particulièrement par son
habileté pour l'opération de la taille, et contribua à la fonda-
tion de l'Académie royale de chirurgie.

de chose, il ne faut pas s'en alarmer; si c'est le grand mal, nous avons bien des expériences que l'on le porte longtemps quand on ne fait point de remèdes. La nouvelle d'Allemagne est très-bonne. Une pareille en Flandre me rafraîchiroit bien le sang. Je prie Dieu de vous conserver encore M. de Villette [1] et de vous donner la santé qui vous est nécessaire.

MAINTENON.

Et au dos : *A madame la marquise de Villette.*

LETTRE DE MADAME DE MAINTENON A LA MARQUISE DE VILLETTE.

A Marly, ce 12 octobre [2].

Les afflictions et les incommodités qui m'accablent depuis quelque temps ne m'ont pas empêchée, madame, de m'apercevoir que je ne reçois point de vos nouvelles. Il est vrai que je suis très-fâchée de la mort de M. le maréchal de Noailles [3]. C'étoit un ami de quarante ans, sans compter les

[1] Mort dans le mois de décembre 1707, à l'âge de 75 ans.
[2] 1708.
[3] Noailles (Anne-Jules de), duc et pair et maréchal de France est mort en 1708; il était né en 1650.

autres raisons que j'ai de m'intéresser à lui. Tout
est peine et croix dans le monde, et surtout dans
la vieillesse. Je suis très-persuadée que vous avez
de l'amitié pour moi, et je vous assure aussi, madame, que j'en ai beaucoup pour vous.

MAINTENON.

Et au dos : *A madame la marquise de Villette, à Marsilly,
par Nogent-sur-Seine.*

LETTRE DE MADAME DE MAINTENON A LA MARQUISE DE VILLETTE [1].

A Saint-Cyr, ce 8 mai 1708.

L'affaire de nos chères Carmélites devient plus
difficile que je ne pensois. Vous en jugerez, madame, par la lettre de M. d'Orsay, que je vous envoie. Je vous supplie de le voir et de lui dire toutes
nos raisons. Il faudroit le joindre avec M. d'Argenson. Il n'y a que vous qui puissiez répliquer à
M. d'Orsay.

[1] Lettre écrite par mademoiselle d'Aumale sous la dictée de
madame de Maintenon, qui l'a signée. Marie-Jeanne d'Aumale,
issue d'une ancienne famille de Picardie, naquit en 1683 et
mourut en 1755. Elle entra à Saint-Cyr en 1690, et madame
de Maintenon l'appela auprès d'elle en 1704 pour lui servir
de compagne et de secrétaire.

Je suis en peine de l'état de votre santé, que mademoiselle d'Aumale m'a dit être encore plus mal que quand vous vîntes ici.

Il seroit bien inutile que M. d'Orsay me fît voir tous les plans dont il me parle. Vous savez que je me rends assez facilement. Je serois pourtant bien fâchée d'être tout à fait inutile à madame de Lévi[1] et à mes chères filles.

MAINTENON.

LETTRE DE MADAME DE MAINTENON A LA MARQUISE DE VILLETTE[2].

A Versailles, ce 29 janvier 1710.

J'ai toujours remis à vous écrire, madame, parce que je voulois le faire de ma main; mais le loisir

---

[1] Peut-être est-il question ici de mademoiselle de Chevreuse, qui épousa, en 1698, le marquis de Lévi, jeune étourdi, aux dépens duquel Saint-Simon s'égaye fort. Il fallut le baptiser et lui faire faire sa première confession et sa première communion le jour de son mariage. Il mourut duc et pair. — *Mémoires de Saint-Simon, édition Sautelet*, tome II, p. 92; VI, 125, 131; XIII, 475; XX, 350.

[2] Lettre écrite par mademoiselle d'Aumale, sous la dictée de madame de Maintenon, qui l'a signée.

ou les forces m'ont toujours manqué. La fièvre que vous connoissez revient tous les quatre ou cinq jours : la cause ne cesse point.

Quelque ennui que vous puissiez avoir à Marsilly, je comprends que vous y êtes encore mieux qu'à Paris, et surtout si vous y faites vivre vos pauvres. On est accablé ici, et les mauvais discours de Paris augmentent tous les jours. Il y a pourtant un grand bruit de paix répandu, et, par toutes les nouvelles qui viennent de Hollande, on dit qu'elle se fera avant la campagne; mais je n'y vois point assez d'apparence pour me réjouir encore.

Je savois le ridicule mariage de M. de Lionne. On dit présentement qu'il l'a fait casser en donnant quarante mille francs à la fille. Je les aimerois mieux que M. de Lionne pour mari; car il y a lieu de craindre, par plus d'un endroit, que sa tête ne soit pas bien timbrée.

Je ne vous mande aucune nouvelle; car, outre que je suis assez mal instruite, je crois que vous ne manquez pas de gens qui vous écrivent. Je reçois trop rarement de vos lettres. Je suis fort injuste là-dessus, car j'aime qu'on m'écrive et je n'aime pas à faire de réponse.

Adieu, madame. Comptez pour toujours sur mon

amitié. Je laisse à mademoiselle d'Aumale à vous dire des nouvelles de Saint-Cyr. Mille amitiés à la pauvre Sophie.

MAINTENON.

Et au dos : *A madame la marquise de Villette, à Marsilly, par Nogent-sur-Seine.*

LETTRE DE MADAME DE MAINTENON A LA MARQUISE DE VILLETTE[1].

A Versailles, 12 juin 1710.

La duchesse de Noailles m'a dit qu'elle vous donnera un lit chez elle quand vous voudrez venir faire vos visites. J'irai dîner avec vous dès que je vous y saurai; car pour chez moi, madame, il n'y faut pas compter, et je crois qu'il y a bientôt trois mois que je n'y ai mangé. Vous n'y seriez pas longtemps sans y voir grande compagnie, et, comme ma proche parente, ce seroit

---

[1] Cette lettre a été écrite par mademoiselle d'Aumale, sous la dictée de madame de Maintenon, qui y a ajouté de sa main le post-scriptum, après l'avoir signée.

à vous à vous éloigner; c'est ce que j'éprouve tous les jours.

N'oubliez pas le taffetas gris de mademoiselle d'Aumale, et en même temps apportez-moi, je vous prie, des échantillons, ou plutôt des pièces, si on veut vous les confier, de plusieurs sortes d'étoffes blanches. J'en suis insatiable et pour le jour et pour la nuit. Quelques taffetas façonnés me seroient bien nécessaires pour une robe de jour; mais je voudrois qu'il fût un peu fort. Je bouffe si peu par ma personne qu'il faut que je bouffe par mes habits. Mademoiselle d'Aumale voudroit bien bouffer aussi et n'avoir pas un taffetas mollasse. En voilà trop pour une personne aussi intelligente.

MAINTENON.

Si vous voyez madame la duchesse d'Albe, je voudrois bien, madame, que monsieur son mari et elle sussent que je ne les oublie point, et que je partage toutes leurs peines [1].

Au dos est écrit : *A madame la marquise de Villette, rue Saint-Dominique, au-dessus de Saint-Joseph, à Paris.*

[1] Albe (Duc d'), ambassadeur d'Espagne en France. Sans doute madame de Maintenon fait allusion à la perte du fils de

LETTRE DE MADAME DE MAINTENON A LA MARQUISE DE VILLETTE.

Ce 7 août 1712 [1].

J'ai bien pensé à vous dans nos heureux succès,
madame, persuadée que vous les sentiriez par bien
des endroits. Vous ne croirez peut-être pas que je
m'en suis trouvée mal par une trop grande dissipation d'esprit. Je m'en remets un peu et je rentre
dans de nouvelles inquiétudes sur le siége de
Douai, que je crains que le prince Eugène ne veuille
secourir. Que votre sainte abbesse [2] et toute la mer-
veilleuse maison dont vous m'avez fait un si beau
portrait ne se lasse pas de prier et de demander
la paix; car il n'y a qu'elle que nous devions désirer. Je n'ai nulle grandeur dans mes sentiments.

ce personnage, qui mourut en 1709, à l'âge de sept à huit ans.
D'après Saint-Simon, la duchesse d'Albe, sa mère, fit des
vœux et des dévotions singulières pour obtenir la guérison de
cet enfant. Elle alla jusqu'à lui faire prendre des *reliques en
poudre par la bouche et par lavement.* — *Mémoires de Saint-
Simon*, tome VII, p. 334.

[1] Écrite de Fontainebleau.

[2] Villette (Isabelle-Sophie-Louise Le Valois de), fille de la
marquise de Villette et abbesse de Notre-Dame de Sens. C'est
elle qui éleva l'enfant d'Aïssé et du chevalier d'Aydie. — Voir
plus loin une lettre de cette abbesse, page 94.

Je ne veux pas me venger du prince Eugène, ni me ressentir de la hauteur des Hollandois. La paix, la paix, voilà tout ce que je désire et qu'il faut que Sophie demande. La duchesse de Noailles a été très-malade, mais elle doit arriver ici mardi prochain. On est dans une grande joie à Saint-Cyr. Je sais la part que vous prenez toujours à cette maison-là [1], et je suis très-persuadée, madame, de l'amitié que vous avez pour moi, que je mérite par celle que j'ai toujours eue et que j'aurai toute ma vie pour vous.

MAINTENON.

Et au dos : *A madame la marquise de Villette, dans l'abbaye de Notre-Dame, à Sens.* — (La suscription porte le timbre de Fontainebleau.)

LETTRE DE MADAME DE MAINTENON A LA MARQUISE DE VILLETTE.

A Saint-Cyr, ce 17 avril 1714.

Est-ce maladie ou discrétion qui vous ont empêchée de me demander rendez-vous à Saint-Cyr?

----

[1] La marquise avait été élevée à Saint-Cyr.

J'aurois eu de la peine à vous le donner en parlant de Versailles, car je fus accablée. Mais présentement je serois très-aise de vous avoir ; la difficulté est d'être fidèle au rendez-vous, car je suis peu assurée de ma marche; tout ce que je puis vous en dire, c'est que, pour l'ordinaire, je viens ici le mardi, le jeudi et le samedi.

M. de la Vrillière m'a priée, madame, de vous demander votre protection pour M. le comte de Luce [1], pour une affaire de M. le comte de Sainte-Croix auprès de l'empereur, qui sera discutée à Bade. Madame la duchesse d'Elbeuf [2] m'a bien fait la même proposition; car il y sera question aussi des prétentions de feu madame la duchesse de Mantoue [3]. Nous vous prions donc, madame, de

[1] Luce (Le comte de), second fils du maréchal de Luxembourg, nommé plus tard duc de Châtillon-sur-Loing, suivant la promesse que Louis XIV en avait faite à son père, mais au grand regret du roi. — Voyez *Saint-Simon*, édition Sautelet, tome I, p. 337.

[2] Elbeuf (La duchesse d'), fille aînée de la maréchale de Navailles, morte en 1717, *d'une longue suite de maux*, dit Saint-Simon, *qu'elle avoit gagnés de son mari, mort depuis longtemps.*

[3] Mantoue (La duchesse de), fille de la précédente, de la maison de Lorraine. Mademoiselle d'Elbeuf, après mille manéges employés par sa famille, surtout par sa mère, parvint

nous aider de votre crédit auprès du plénipoten-
tiaire du roi. Il me semble que cette sollicitation
est magnifique, et vous fait faire un personnage
assez important. Adieu. Je serois assurément très-
aise de vous embrasser.

MAINTENON.

LETTRE DE MADAME DE MAINTENON A LA MARQUISE DE VILLETTE [1].

Ce 21 avril 1718.

Vous pouvez juger, par ma diligence à vous
répondre, que mon dessein n'est pas d'éloigner le
voyage que vous voulez faire ici. Je vous assure,
madame, que je vous y recevrai avec plaisir, et que

enfin à épouser le duc de Mantoue. Le mariage se fit dans une
hôtellerie à Nevers, et fut renouvelé à Tortone. Les mauvais
traitements de son mari la contraignirent bientôt à l'abandonner. — Voyez *Saint-Simon*, tomes IV, V, VI et VII, pages 241,
247; 348, 373; 240; 338, 344.

[1] Cette lettre a été écrite quatre ans et demi après la mort
de Louis XIV, et huit mois avant celle de madame de Maintenon, qui était alors retirée à Saint-Cyr. C'est précisément à
cette date que Pierre le Grand lui fit la visite dont on a tant
parlé.

vous m'en ferez un très-grand d'amener mademoiselle votre fille. Vous devriez même venir ici tout
droit et me la laisser. Jamais enfant ne m'a embarrassée. Vous iriez ensuite faire tous vos tours. La
duchesse de Noailles compte vous avoir et le désire
bien tendrement. Je suis très-contente d'elle sur
tout chapitre, et je l'aime plus que je n'ai jamais
fait. Madame de Mailly[1] m'écrit pénétrée de vos
bontés; elle a raison, et je le suis comme elle, car
cette compassion ne peut venir que d'un bon cœur.

La fille de Léger est présentement chez son père,
parce que sa mère est malade et qu'elle n'a personne auprès d'elle. Je ne sais si la campagne ne
lui fera pas tant de peur qu'un couvent. Vous
pouvez traiter cette grande affaire ici, ou par vous-
même ou par mademoiselle d'Aumale. Souvenez-
vous, madame, de me donner votre fille toute seule

---

[1] « Madame de Mailly, dit Saint-Simon, tome I, p. 18-19,
étoit une demoiselle du Poitou, qui n'avoit pas de chausses,
fille de Saint-Hermine, cousin issu de germain de madame
de Maintenon. Elle l'avoit fait venir de sa province chez elle,
à Versailles, et l'avoit mariée, moitié de gré, moitié de force,
au comte de Mailly, second fils du marquis et de la marquise de Mailly, qui, mariés avec peu de biens, étoient
venus à bout, avec l'âge, à force d'héritages et de procès, d'a-
voir ce beau marquisat de Nesle, de bâtir l'hôtel de Mailly
vis-à-vis le pont Royal, et de faire une très-puissante maison. »

pour quelques jours. Préparez-la aux caresses d'un spectre [1], mais spectre qui jouera avec elle et mademoiselle de La Tour. Je suis ravie que votre santé soit meilleure. La mienne devient ridicule à mon âge. Adieu ; il faut aller à vêpres. Ce ne sera pas sans suer.

MAINTENON.

Et au dos : *A madame de Villette, à Marsilly.*

LETTRE DE MADAME DE MAINTENON AU MARQUIS DE VILLETTE [2].

Ce jour de Pâques.

Je suis presque toujours malade. Je vais souvent à Saint-Germain J'ai beaucoup d'affaires et je suis très-paresseuse. Voilà les raisons qui m'ont em-

---

[1] Il est curieux de rapprocher ce que madame de Maintenon dit ici d'elle-même de l'exclamation énergique que la surprise arracha, dit-on, à Pierre le Grand lorsque, tirant brusquement les rideaux du lit de la marquise, il la vit pour la première fois.

[2] Villette (Philippe Le Valois, marquis de), cousin germain de madame de Maintenon, lieutenant général des armées navales, né en 1632, mort en 1707. Cette lettre a très-proba-

pêchée de vous écrire plustôt. J'ai longtemps attendu que vous eussiez reçu la réponse de M. Colbert : car je ne suis pas de manière avec lui à lui
aller vous proposer pour l'ambassade de Moscovie.
Mais s'il vous avoit agréé, je pourrois traiter les
conditions avec lui et faire tout de mon mieux pour
qu'on vous en fît d'avantageuses. Voilà les seuls
services que je suis en état de vous rendre, et, quoi
qu'on vous dise de ma faveur, il s'en faut de beaucoup que je gouverne l'État.

J'ai été sensiblement touchée d'être obligée d'a-
bandonner madame d'Emdicourt; mais je ne pouvois plus la soutenir sans nuire beaucoup à ma réputation et à ma fortune.

J'ai reçu les dépêches de ma cousine, qui étoient
admirables. Je les ai données en bon lieu. M. et
madame de Fonmort [1] ont ici une fâcheuse affaire
et dont ils ne peuvent sortir que très-désagréable-
ment. J'en suis très-fâchée, et j'y fais tout de mon
mieux.

---

blement été écrite du vivant de la première femme du marquis, à l'époque où, sans fortune et sans emploi, il végétait
dans ses terres, et attendait, du crédit de sa cousine, qu'on
utilisât ses services enfin quelque part.

[1] Sœur de la première marquise de Villette.

Adieu, mon cher cousin. Je suis toute à vous,
et du meilleur de mon cœur.

MAINTENON.

Et au dos : *A monsieur de Villette, à Niort.*

LETTRE DE CHARLES D'AUBIGNÉ [1], FRÈRE DE MADAME
DE MAINTENON.

A Rome, le 15 août 1699.

Toutes vos petites dettes seroient payées, monsieur, si je n'avois cru devoir attendre de nouveaux

---

[1] Aubigné (Charles, comte d'), né en 1634 au Château-
Trompette, mort en 1703 aux eaux de Vichy, où il était gardé
à vue, car ses excentricités de conduite et de langage don-
nèrent de si grands ennuis à madame de Maintenon, qu'elle
finit par le faire accompagner par un prêtre de Saint-Sulpice,
nommé Madot, qui s'attacha à ses pas et le suivait comme son
ombre. Saint-Simon dit que Charles d'Aubigné « étoit un panier
percé, un fou à enfermer, mais plaisant, avec de l'esprit et
des saillies et des reparties auxquelles on ne pouvoit s'attendre. » Cette lettre, dépourvue de son enveloppe, donne assez le
ton du caractère de d'Aubigné. Sa fille épousa, en 1698, le
comte d'Ayen, plus tard duc de Noailles.

ordres avant que de donner vingt-deux écus à un nommé Billy, *calderaro* en italien, et chaudronnier en françois. Son mémoire est parmi ceux que vous me fîtes l'honneur de m'envoyer avant que de partir ; mais ma difficulté est que je trouve son reçu en bonne forme au pied de ce mémoire, et que cette somme ne peut pas même entrer dans celle de cinq cents écus à quoi vous me marquiez que montoit ce que j'avois à payer. Cet homme s'est contenté de me donner le temps nécessaire pour savoir vos intentions, et m'a mis en main une lettre pour vous que je ne vous envoie point, parce que je crois que vous ne vous souciez guère de son compliment. Ayez la bonté, s'il vous plaît, monsieur, de me faire savoir ce que vous désirez que je fasse.

Je n'ai rien pu vendre encore de votre équipage, quelque mouvement que je me sois donné pour cela. J'ai eu plusieurs offres de vos chevaux ; mais toutes beaucoup au-dessous de ce que vous m'avez dit que vous les avez pu vendre. Le plus qu'on m'ait offert des deux de carrosse, c'est cent quarante-quatre, et douze pistoles de celui de la chaise. Si je trouvois quarante-cinq écus de celui-ci et cent soixante des autres, je les livrerois, parce que

je ne crois pas, à parler franchement, ni qu'ils
vaillent ni que j'en puisse tirer davantage. J'ai
licencié votre cocher au bout du mois, m'étant
aperçu qu'il éloignoit les acheteurs au lieu d'en
chercher, par la douceur qu'il trouvoit à ne rien
faire. Personne ne s'est encore présenté pour acheter votre carrosse. Je l'attribue à la saison où nous
sommes, qui ne permet guère qu'on se serve de
voitures fermées. Il y a peu de mal à cela, parce
qu'il ne mange point.

Hier, il y eut un duel fameux entre Belleville,
valet de chambre de M. de La Trémouille[1], et Petit,
son officier. Celui-ci fut tué misérablement du
premier coup, et ne dit pas une seule parole. Leur
maître en est au désespoir, et par la peine que lui
fait cette mort, et par la perte qu'il fait en même
temps de son favori : car il est à croire qu'il ne le
gardera pas davantage. Il y a ici d'autres scènes qui
mériteroient votre curiosité; mais il ne me convient
pas de parler sur de telles choses sans chiffres.
Vous en trouverez un à Lyon, chez le correspondant

[1] Il s'agit probablement du frère de la princesse des Ursins,
qui, chargé à Rome de l'*auditorat* pour la France, devint cardinal, et se brouilla avec sa sœur, après s'être rendu triste-
ment célèbre par ses intrigues et ses débauches.

que vous m'avez marqué. Honorez-moi de vos
ordres, monsieur, pour les choses dont vous me
croirez capable, et soyez persuadé, je vous supplie,
que vous n'avez point de très-humble et très-obéissant serviteur plus dévoué que

D'AUBIGNÉ.

FRAGMENT D'UNE LETTRE ÉCRITE PAR PHILIPPE LE VALOIS, COMTE
DE MURSAY, AU MARQUIS DE VILLETTE, SON PÈRE[1].

. . . .

. . . . . . Chaque démarche de M. de Vendôme nous confirme dans l'opinion où nous som-

[1] Cette lettre, dont nous n'avons pu retrouver que la fin, a
été écrite par Philippe Le Valois, comte de Mursay, cornette
des chevau-légers, en 1683, et mestre de camp du régiment
Dauphin en 1688. Il était fils aîné du marquis de Villette et
de sa première femme, et mourut prisonnier de guerre au
siége de Turin, le 9 novembre 1706, laissant un fils de son
mariage avec Marie-Louise Lemoine. Dès l'âge le plus tendre,
il servait près de son père en qualité de volontaire, et montra
au combat naval de Lipari un courage et une présence d'esprit extraordinaires. Blessé peu après au combat d'Agosta
(22 avril 1676), où Ruyter fut tué, le jeune comte de Mursay
fit l'admiration de tout le monde. Madame de Caylus dit qu'il

mes que c'est un général au-dessus des autres. Il
me charge, toutes les fois qu'il me voit, de vous
faire des compliments. Vous êtes à merveille avec
Campistron [1]. On ne peut être plus reconnaissant

avait alors de huit à neuf ans, et que la singularité du fait le
fit nommer enseigne après le combat. Madame de Maintenon
se hâta d'en exprimer sa joie à madame de Villette dans une
lettre dont nous avons vu l'original, et qui trouve naturelle-
ment sa place ici. La Beaumelle, Auger et Monmerqué ont rapporté cette lettre en la datant *du 7 juin 1676*, bien qu'elle soit
dépourvue de millésime. C'est probablement là encore un tour
de La Beaumelle. Voici cette lettre :

A Saint-Germain, ce 7 juin.

« Je ne sais si M. de Villette vous a mandé que son fils a
été blessé légèrement à cette dernière occasion; mais je sais
bien que vous ne vous attendez pas au compliment que je
vous en vais faire, qui est que j'en ai été ravie. Je l'ai fait savoir au roi et à madame de Montespan, et quand le premier
mouvement de tendresse sera passé, je suis sûre que vous
penserez comme moi, et que vous vous saurez gré d'avoir mis
un petit héros au monde. Réjouissez-vous-en donc, ma chère
cousine, puisqu'il est vrai, sans flatterie, que vous avez le plus
joli et le plus surprenant enfant que l'on ait vu. Mes amitiés
et mes compliments à la famille; et n'oubliez pas madame de
Mongon, que j'aime et que j'estime fort. Vous me ferez plaisir
de me mander de leurs nouvelles, car, malgré l'oubli qui vous
paroît souvent, je conserve beaucoup de tendresse pour mes
proches. Vous savez que là-dessus vous n'êtes pas traitée en
alliée. »   MAINTENON.

Et au dos : *A madame de Villette, à Niort.*

[1] Campistron était secrétaire du duc de Vendôme.

que je le suis des bontés de madame de Villette.
La nouvelle du départ de M. le comte de Toulouse[1]
pour Toulon me faisoit croire que vous seriez de
l'armement. Je me sers d'une autre main pour
vous faire part de nos mouvements. Je vous assure,
mon cher père, de tout mon respect.

Au bas est écrit ce post-scriptum d'une main étrangère :

« M. de Vendôme sut mardi matin que les ennemis marchaient
vers l'Adda[2]. Il fit marcher l'armée sur les quatre heures
après midi : notre mouvement continua toute la nuit et tout
le jour suivant. Le mercredi, nous campâmes à Bayrol, d'où
nous décampâmes hier pour venir ici; l'ordre est donné pour
marcher aujourd'hui. Je suis chargé de mener la colonne
de la gauche à la tête de laquelle doivent être tous les grenadiers. Cette marche continuelle empêche nos équipages
de nous joindre, parce que nous partons quand ils arrivent.
M. de Vendôme est allé de l'autre côté de l'Adda pour y donner

---

[1] Toulouse (L. Al. de Bourbon, comte de), troisième fils lé-
gitimé de Louis XIV et de madame de Montespan, 1678-1737.
Il fut amiral de France à 5 ans, et se distingua pendant la
guerre de la succession d'Espagne,
[2] Il s'agit de la campagne d'Italie (1702-1706), où le duc de
Vendôme débuta d'une manière si brillante. Marchant à la
rencontre du prince Eugène, qui venait au secours du duc de
Savoie, le duc de Vendôme le rencontra sur l'Adda, où fut livrée, le 16 août 1706, la bataille de Cassano, qui fut sanglante,
mais indécise. Cette lettre a été écrite trois mois avant la
mort du comte de Mursay.

ses ordres. Nous l'attendons à toute heure. Les ennemis sont campés au confluent du Bremba et de l'Adda, leur droite appuyée à l'Adda vis-à-vis Trezzo, et leur gauche à Brembate. On ne sait point encore s'ils veulent aller du côté de Lens ou retourner vers l'Oglio. C'est dans ce même camp où nous sommes que Louis XII gagna la fameuse bataille contre les Vénitiens et les Suisses. »

Et au dos (d'Italie) : *A monsieur le marquis de Villette, à Marcilly, près Nogent-sur-Seine.*

LETTRE DE LA MARQUISE DE VILLETTE AU CARDINAL DE FLEURY[1].

A Paris, ce 7 septembre 1730.

Monseigneur, ma mauvaise santé et la crainte d'importuner Votre Éminence m'empêchent d'aller lui rendre mes devoirs et lui faire mes compliments

[1] Cette lettre autographe de la marquise de Villette est intéressante, en ce qu'elle renferme des données précises sur l'abbaye de Notre-Dame de Sens, dont sa fille, Sophie, était supérieure. Il convient de noter, au surplus, que les lettres de la marquise de Villette sont assez rares pour que nous nous félicitions d'avoir pu en faire entrer une dans notre travail. Le troisième volume des *Lettres historiques et politiques* de Bolingbroke, publiées par le général Grimoard, chez Dentu.

sur la naissance d'un second prince [1]. Je souhaite
que la joie qu'elle vous cause soit suivie de tous les
succès que vous pouvez désirer, et qui sont dus à
vos travaux pour le bonheur du roi et de l'État.
N'est-ce point ici un temps de faire souvenir Votre
Éminence de ce qu'elle a eu la bonté de me promettre pour notre abbaye de Sens? J'avois eu dessein de lui en éviter l'importunité en priant M. le
marquis de Matignon d'en parler à M. Orry, lequel
lui a répondu qu'il avoit des fonds prêts et qu'il
n'attendoit que vos ordres, ce qui me fait vous sup-
plier instamment, monseigneur, de vouloir bien
les lui donner incessamment; car notre mal presse
et augmenteroit tous les jours sans vos bontés. J'ai
été obligée d'envoyer quarante pistoles à ma fille,
parce qu'il n'y avoit pas un sou dans la maison
pour la faire subsister. Malgré toute l'économie
possible, le revenu est au-dessous de la dépense
de quatre mille livres au moins, comme Votre
Éminence verra par la copie du certificat de
M. l'archevêque de Sens, mis au bas de l'état qu'il

1808, 5 vol in-8, renferme (pages 138, 181 et 208), quelques
lettres collectives adressées par Bolingbroke et sa femme à
d'Argental et à l'abbé Alary, en 1721-22 et 25.

[1] Duc d'Anjou, né le 30 juillet 1730, mort le 7 avril 1735.

en a fait faire lui-même par les commissaires nommés pour cela.

Si Votre Éminence veut bien nous accorder mille écus par an, je suppléerai au reste avec grand plaisir, et j'espère que M. le cardinal de Rohan, à son retour, voudra bien nous accorder quelque chose pour payer les dettes qui vont à plus de dix à douze mille francs. Mais le plus pressé est la subsistance courante, sans laquelle les dettes augmenteront considérablement.

Voilà, monseigneur, notre état. Décidez-en, s'il vous plaît, et soyez bien persuadé du respectueux attachement de ma fille et du mien. Il ne peut être plus parfait.

M. C. DE BOLINGBROKE.

LETTRE DE L'ABBESSE DE NOTRE-DAME DE SENS [1] A M. AMET.

A Sens, ce 24 janvier 1759.

Je ne puis trop vous remercier, monsieur, des soins que vous avez bien voulu continuer de vous

---

[1] Villette (Isabelle-Sophie-Louise Le Valois de).

donner pour ce pauvre Adam, auquel je m'intéresse
beaucoup. Je l'ai envoyé chercher sur-le-champ et
lui ai donné toutes les instructions que vous me
marquez dans votre lettre. Je ne sais par quel acci-
dent elle ne m'est parvenue qu'hier, 25, quoiqu'elle
soit datée du 17. Adam partira dès demain. Ainsi,
j'espère qu'il n'y aura pas encore de temps de
perdu. Je vous prie, monsieur, de remercier pour
moi monsieur votre frère, et de lui donner mes
compliments. Je les fais aussi à madame votre
femme. Je souhaite qu'elle jouisse d'une parfaite
santé. Mademoiselle votre fille se porte à merveille :
j'espère qu'elle nous donnera lieu d'être contents,
du moins je n'y épargnerai rien de mon côté.
Soyez-en bien persuadé, monsieur, et me croyez
très-parfaitement et de tout mon cœur votre très-
humble servante.

S. DE VILLETTE, *abbesse.*

TROISIÈME SÉRIE

BIBLIOTHÈQUE IMPÉRIALE
IMPR.

NOTICE

————

Il s'agit maintenant de dix-huit lettres adressées à la marquise de Villette, cousine par alliance de madame de Maintenon, et qui, plus tard, devenue veuve, épousa lord Bolingbroke. Ces lettres, qui sont datées de 1716 et 1717, lui ont été écrites successivement par son fils (le marquis de Villette), par J. B. Rousseau, madame Rabutin (de Vienne), le comte de Sinzendorf, chevalier de l'Empire, et par le chevalier de Caylus, pendant la campagne que fit le jeune marquis de Villette en Hongrie, où il fut tué aux côtés du prince Eugène.

Le tout forme un ensemble complet, homogène,
une sorte de drame qui a son exposition, son nœud,
ses péripéties, et enfin pour dénoûment la mort
violente d'un de ses héros.

Marie-Claire Deschamps de Marsilly [1] s'était mariée, en 1695, avec Philippe Le Valois, marquis de
Villette, lieutenant général des armées navales,
dont nous avons des *Mémoires* publiés par Monmerqué en 1844 [2], et qui était petit-fils d'Agrippa d'Aubigné. Née en 1675, mademoiselle de Marsilly avait
alors vingt ans, et le marquis, né en 1632, en avait
quarante-trois de plus qu'elle. Il était veuf en premières noces de Marie-Anne-Hippolyte de Châteauneuf, fille de Gaspard de Châteauneuf, seigneur de
Dillay et d'Ardin, et d'Antoinette Raisin. Il avait eu
de cette union deux fils connus sous le nom de
marquis de Mursay et de comte de Mursay, et une
fille, la comtesse de Caylus, l'adorable auteur des
Souvenirs, que tout le monde connaît, et dont on
vient de nous donner une nouvelle et charmante
édition [3].

---

[1] MM. Monmerqué et Charles de Rémusat ne lui donnent
que ces deux prénoms; Moréri en ajoute un troisième, celui
d'Isabelle.

[2] Pour la *Société de l'Histoire de France*.

[3] *Souvenirs de madame de Caylus*, avec une introduction

Une anecdote assez plaisante est racontée à l'occasion du mariage de mademoiselle de Marsilly avec le marquis de Villette. On prétend que l'un des fils de ce dernier, voulant épouser cette jeune personne, la fit voir à son père, qui la trouva si digne d'être sa bru, qu'il jugea bon de l'épouser lui-même. Hâtons-nous de dire, en vue d'excuser ce petit tour de passe-passe, que, d'après Saint-Lambert, M. de Villette père avait de l'esprit, et que mademoiselle de Marsilly, qui en était brillamment pourvue, le trouva plus aimable que son fils. Elle avait autant de vertus que d'agréments, ajoute Saint-Lambert, l'âme noble et sensible, une imagination vive et sage, et de la solidité dans l'esprit [1]. « Elle est fort jolie, dit à son tour Dangeau (*Journal*, 6 avril 1695), et n'a nul bien. M. de Villette a attendu que M. de Mursay, son fils, fût marié pour conclure cette affaire. » On conviendra que le père devait bien à son fils cette attention-là, après l'*escamotage* dont il a été parlé. Du reste, mademoiselle de Marsilly avait été élevée

et des notes par Charles Asselineau. Paris, J. Techner, 1860. 1 vol. in-18 jésus.

[1] *Essais sur la vie de Bolingbroke*, par Saint-Lambert, tome V de ses *OEuvres philosophiques*, page 173. Paris, Agasse, an IX, 5 vol. in-8.

à Saint-Cyr sous les yeux de madame de Maintenon ; et c'est elle qui fut chargée du rôle de Zarès, quand la tragédie d'*Esther* fut représentée à la cour, en présence de Racine. A sa sortie de Saint-Cyr (29 mars 1690), elle fut placée, par les soins du roi et de madame de Maintenon, qui prenaient à elle un très-vif intérêt, dans la communauté des *Filles de Sainte-Geneviève*, dirigée par madame de Miramion, retraite qu'elle quitta le 3 avril 1695, pour aller à l'autel.

Après une assez longue résistance, le marquis avait, dès 1687, abjuré la religion protestante, à la sollicitation de madame de Maintenon, qui, profitant de l'absence de son cousin et contre son gré, avait déjà converti ses enfants. Il mourut à Paris, au mois de décembre 1707, âgé de soixante-quinze ans, et, pour le remplacer, au lieu d'un lieutenant général de marine, on en créa deux : d'où l'on put dire, fait observer Monmerqué, comme on l'avait dit de Turenne : « *La monnoie de Villette.* »

Il avait perdu ses deux fils, nés de son premier mariage [1], dont il ne lui restait que madame de

[1] Le premier de ces deux fils, Philippe Le Valois, comte de Mursay, dont il a été parlé dans la note de la page 89, mourut prisonnier de guerre au siége de Turin, le 9 novembre 1706,

Caylus. Il laissait trois enfants du second lit, savoir :

1° Ferdinand-Tancrède-Frédéric Le Valois de Villette, lieutenant du roi en Poitou, blessé mortellement au siége de Belgrade, le 16 août 1717 : c'est celui dont nous publions la correspondance ;

2° Isabelle-Sophie-Louise Le Valois, qui devint abbesse de Notre-Dame de Sens ;

3° Et Constance-Lucie-Adélaïde Le Valois, qui épousa, en 1724, Jean-Baptiste-François de Montmorin Saint-Hérem, baron de Volore, gouverneur et capitaine des chasses de Fontainebleau.

Restée veuve à quarante-deux ans avec de la fortune, madame de Villette, dont l'esprit et la conversation étaient cités comme des modèles, se lia d'une amitié intime avec lord Bolingbroke, vicomte de Saint-John, ministre disgracié de la reine Anne, lequel était venu chercher un asile en

---

laissant un fils de son mariage avec Marie-Louise Le Moine; et, le second, Henri-Benjamin Le Valois, marquis de Mursay, colonel des dragons de la reine, succomba, le 3 août 1692, aux suites de blessures reçues au combat de Steinkerque. Il avait épousé Madeleine de Beaumont-Gibaud, dont il n'eut point d'enfants.

France, et qui passa une partie de son exil à la terre de Marsilly, en Champagne, auprès de la marquise. Il paraît avoir épousé cette dernière en mai 1720 [1], à Aix-la-Chapelle, où il l'avait emmenée pour y passer la saison des eaux.

En se mariant, ils cessèrent d'habiter Marsilly et allèrent fixer leur séjour à *la Source*, près d'Orléans, terre magnifique dont Bolingbroke avait fait l'acquisition, et où les personnages les plus distingués du temps les visitèrent. Les membres de ce fameux *club de l'Entre-sol*, fondé par l'abbé Alary, s'y rencontrèrent souvent. Du reste, Bolingbroke était un des adhérents enthousiastes de ce *club*, espèce d'Académie plus politique que littéraire, nous dit M. Charles de Rémusat dans une étude sur Bolingbroke, travail excellent et substantiel que nous avons consulté avec fruit [2].

Voltaire allait aussi quelquefois à la Source, et le 2 janvier 1722, étant à Blois, il écrivait les lignes suivantes à Thiriot :

« Il faut que je vous fasse part de l'enchante-

---

[1] Saint-Lambert fait remonter ce mariage à l'année 1717; nous croyons que c'est une erreur.

[2] *L'Angleterre au dix-huitième siècle*. Paris, Didier, 1857, t. I, p. 361.

ment où je suis du voyage que j'ai fait à la Source,
chez milord Bolingbroke et chez madame de Villette.
J'ai trouvé dans cet illustre Anglais toute l'érudition de son pays et toute la politesse du nôtre. Je
n'ai jamais entendu parler notre langue avec plus
d'énergie et de justesse. Cet homme, qui a passé
toute sa vie dans les plaisirs et dans les affaires, a
trouvé pourtant le moyen de tout apprendre et de
tout retenir. Il sait l'histoire des anciens Égyptiens
comme celle d'Angleterre; il possède Virgile comme
Milton, il aime la poésie anglaise, la française et
l'italienne, mais il les aime différemment, parce
qu'il discerne parfaitement leurs différents génies.
Après ce portrait que je vous fais de milord Bolingbroke, il ne siéra peut-être pas mal de vous dire
que madame de Villette et lui ont été infiniment
satisfaits de mon poëme (*la Henriade*). Dans l'en-
thousiasme de leur admiration, ils le mettent au-
dessus de tous les ouvrages de poésie qui ont paru
en France, mais je dois rabattre de ces louanges
outrées. »

En 1723, Bolingbroke fut rappelé une première
fois en Angleterre, où, deux ou trois mois auparavant, il avait envoyé sa femme; il la ramena
en France peu après, et elle repartit seule pour

Londres l'année suivante. A ce second voyage elle se prêta à un stratagème qui montre la bonté de son cœur. La passion du chevalier d'Aydie pour mademoiselle Aïssé était alors dans toute sa force, et la pauvre et belle affranchie se trouvait sur le point de devenir mère. N'osant faire l'aveu de sa faute à madame de Ferriol, sa très peu délicate protectrice (qui aurait insolemment triomphé de voir la jeune *Circassienne* se jeter à la tête d'un simple chevalier, après avoir refusé, par son entremise, les offres pompeuses du Régent), mademoiselle Aïssé confia sa peine à madame de Villette, qui feignit de l'emmener avec elle en Angleterre; mais, en réalité, elle la laissa dans une maison des faubourgs de Paris. Là, entourée des soins de Sophie, sa fidèle gouvernante, et du chevalier d'Aydie, Aïssé mit au monde une fille, qui, baptisée sous le nom de Célénie Leblond, fut transportée en Angleterre sous celui de miss Black, puis ramenée en France et placée au couvent de Notre-Dame de Sens, pour y être élevée, à titre de nièce de Bolingbroke, par les soins de l'abbesse, qui était, comme nous l'avons dit, une fille de madame de Villette.

Afin de mieux tenir secrète cette généreuse supercherie, Bolingbroke, resté à la Source pendant que sa femme voyageait, écrivit à madame de Ferriol :

« Avez-vous eu des nouvelles d'Aïssé? La marquise (madame de Villette) m'écrit de Douvres. Elle y est arrivée vendredi au soir, après le passage du monde le plus favorable. La mer ne lui a causé qu'un peu de tourment de tête; mais, pour sa compagne, elle a rendu son dîner aux poissons. »

La mauvaise foi d'un banquier de Londres, à qui madame de Villette avait confié des valeurs importantes pour les placer dans les fonds publics, avait nécessité ce second voyage. Cet homme suscitait des difficultés sans nombre à milady Bolingbroke, à cause de l'irrégularité de son état civil : car elle était veuve lorsqu'elle lui avait confié ses fonds, et le banquier exigeait une autorisation de son mari, la menaçant d'une dénonciation en règle et invoquant même contre elle l'application de la loi de confiscation, etc. Mais, ayant eu la prudence de faire toutes ses démarches sous le nom de marquise de Villette, elle parvint à triompher de tous ces embarras, donna des soins, en outre, aux intérêts de son mari, et sut si bien gagner à sa cause la duchesse de Kendal (maîtresse en titre de George Ier), qu'elle put compter sur les promesses qui lui furent faites touchant le rappel définitif de Bolingbroke.

Ce rappel eut lieu l'année suivante, et les époux se rendirent en Angleterre, pour y fixer leur séjour. Monmerqué allègue qu'à dater de cette époque, les rapports de milady Bolingbroke avec la France cessèrent. C'est une erreur. On voit par les lettres d'Aïssé que la marquise lui écrivait souvent[1] : « Milady Bolingbroke est toujours malade, mandait Aïssé à madame Calandrini, en 1727. L'air de Londres l'incommode. On avoit fait courir le bruit que le mari et la femme étoient mal ensemble; rien n'est plus faux. Je reçois des lettres, presque tous les ordinaires, de l'un et de l'autre; ils me paroissent dans une grande union. Les inquiétudes qu'il a de la santé de sa femme, et celles qu'elle a de la sienne, ne ressemblent point à des gens mécontents. »

Dans une autre lettre d'octobre 1728, Aïssé revient sur le même sujet : « Milady Bolingbroke a été très-mal; elle s'est mise au lit tout à fait; elle se trouve mieux de ce régime. Le public, qui veut tou-

---

[1] *Lettres de mademoiselle Aïssé à madame Calandrini*, publiées par M. Ravenel, avec une notice par M. Sainte-Beuve. Dentu, 1853. Un vol. in-12 (VIIe, XIVe et XXIIe lettre).

jours parler, assure que son mari agit mal avec elle : je vous assure que rien n'est plus faux[1]. »

Enfin, le 17 novembre 1729, Aïssé, parlant de sa fille qu'elle a été voir à Sens, dit que milady Bolingbroke voulait « emmener cette enfant avec elle et avoir soin de sa fortune; ce qui afflige terriblement qui vous savez (le chevalier d'Aydie); il en est fou. » D'après cette lettre, milady était très-malade à Reims, d'où elle comptait aller à Paris. Elle s'y rendit, en effet, ainsi que le constatent deux lettres inédites du comte de Caylus adressées à l'abbé Conti, et qui sont consignées dans la présente série.

Dans la première de ces lettres (5 janvier 1730),

---

[1] Il est difficile de savoir jusqu'à quel point le public avait tort ou raison. Incontestablement, avant de connaître madame de Villette, l'*orageux* Bolingbroke, comme l'appelle pittoresquement M. Sainte-Beuve, ne brillait pas par la constance; mais il aimait sa femme, il en était même jaloux, et, dans une lettre adressée par lui au docteur Swift, nous trouvons le passage suivant : *Cet amour, que j'avois coutume de prodiguer au beau sexe en général, est consacré, depuis quelques années, à un seul objet* (sa femme). Cette lettre, qui est sans date, a été classée par l'éditeur des *Lettres de Bolingbroke* dans l'année 1723; mais elle peut avoir été écrite plus tard, à l'époque même où les mauvaises langues s'égayaient aux dépens des époux. En définitive, et cela semble plus concluant, selon Saint-Lambert, Bolingbroke *pleura la mort de sa femme le reste de ses jours, qui ne furent pas de longue durée*. Il mourut un an après.

7

le comte de Caylus annonce que madame de Bolingbroke est à Paris depuis deux mois, pour y rétablir
sa santé, qui était dans un état déplorable; dans la
seconde (1er décembre 1750), il parle assez longuement de l'agrément de ses relations avec milady,
la seule personne du monde, dit-il, *avec laquelle et
chez laquelle il pouvait vivre avec une pleine liberté
et trouver quelques consolations* (le comte avait perdu
sa mère l'année précédente, et il en était aussi affligé que le premier jour); il termine en faisant
connaître que depuis un mois milady Bolingbroke
est retournée en Angleterre.

De ce moment nous perdons sa trace; nous savons seulement qu'elle mourut en Angleterre, le
18 mars 1750, un an avant son mari, avec qui elle
vivait retirée dans le château de Battersea, patri-
moine des ancêtres de Bolingbroke. Elle est inhu-
mée dans le caveau des Saint-John de l'église de
Battersea; et sur son tombeau Bolingbroke a fait
graver une épitaphe où il lui a donné le titre de *vi-
comtesse de Bolingbroke*. Ceci répond aux méchants
qui allaient répandant le bruit qu'ils n'étaient pas
légitimement unis. Du reste, leur mariage avait
trouvé des incrédules de bonne foi, de même que
la conversion de la marquise à la religion protes-

lante. Quant à ce dernier point, nous n'avons pu parvenir à l'éclaircir d'une manière concluante.

Parlons maintenant de la correspondance que nous présentons au lecteur, des incidents qui y ont donné lieu et du personnage dont elle rend plus spécialement le caractère et la physionomie.

Ferdinand-Tancrède-Frédéric Le Valois, marquis de Villette, prit part, comme nous l'avons dit, à la campagne de Hongrie (1716-1717). Il avait alors vingt ans. On pourrait croire qu'il agit en cela sous l'influence de ce sentiment moitié religieux, moitié chevaleresque, qui, depuis les croisades, portait la noblesse française à rechercher les occasions de combattre *le Turc*, comme on disait alors. L'Empereur d'Allemagne venait de conclure avec la république de Venise une ligue offensive et défensive contre la Porte ottomane, et faisait marcher, sur les bords du Danube et de la Save, une armée nombreuse dont le commandement avait été confié au prince Eugène, cet implacable ennemi de Louis XIV et de la France. La réputation de l'habile capitaine attirait sous ses drapeaux, outre la noblesse de l'Empire, une foule de seigneurs et de princes étrangers; et il n'y aurait eu rien d'extraordinaire à ce que le jeune de Villette, cédant au mouve-

ment profond qui se manifestait autour de lui, eût
ambitionné de se mêler aussi aux hasards de cette
espèce de guerre sainte, en vue d'y faire ses premières armes et de gagner ses éperons. Cependant il
n'en a pas été précisément ainsi. Sa détermination
a eu une autre cause, un autre mobile; il prit ce
parti à son corps défendant, à la suite d'une circonstance à laquelle il est fait allusion une ou deux
fois dans les lettres de J. B. Rousseau, qu'on va lire,
et dont les *Mémoires de Saint-Simon* nous ont livré
le secret. Voici comment s'exprime le grand historien[1] :

« Dans le même temps de la querelle du duc de
Richelieu et du comte de Gacé (1716), il y eut un
badinage de rien entre deux jeunes gens ivres à souper chez M. le prince de Conti à Paris[2], à quoi eux-
mêmes ni personne n'eussent pris garde sans la
malice des convives, excités par l'exemple du maître
de la maison, qui leur apprit le lendemain qu'ils
avoient eu une affaire la veille, et qui voulut

---

[1] *Mémoires du duc de Saint-Simon*, tome XIV, p. 29. Paris,
1829, édition *Sautelet*.
[2] Louis-Armand de Bourbon, prince de Conti, fils de Fran-
çois-Louis de Bourbon et de mademoiselle de Bourbon, né en
1695, mort en 1727.

faire semblant de les accommoder. L'un étoit Jonzac[1], fils d'Aubeterre, l'autre *Vilette* (sic), frère de père de madame de *Quailus* (sic). M. le duc, qui ne voulut pas que les maréchaux de France se mêlassent d'une affaire arrivée chez M. le prince de Conti, les envoya chercher deux jours après et les accommoda. Mais ceux qui de rien avoient fait une affaire, se mirent si fort après eux, que les familles s'en mêlèrent et les crurent déshonorés s'ils ne se battoient pas. Tous deux y résistèrent; mais enfin, poussés à bout, ils se battirent en fort braves gens, et montrèrent ainsi que leur résistance ne venoit que de ne savoir pourquoi se battre. Tous deux furent blessés, Vilette plus considérablement, et ils disparurent. Cette affaire avoit trop éclaté et trop longtemps pour pouvoir être étouffée. Le parlement procéda, Vilette sortit du royaume et mourut bientôt après; Jonzac se cacha longtemps, et ne se présenta que bien sûr de ce qui arriveroit de son affaire. Il en fut quitte pour une assez longue prison, absous après et ne perdit point son emploi. »

---

[1] Gentilhomme d'abord frivole, puis médiocre, qui devint plaisamment célèbre plus tard par ses mésaventures conjugales. Il était beau-frère du président Hénault. Voyez *Mémoires de Maurepas*, 1791, tome II, page 66.

Le jeune marquis de Villette avait la plupart des défauts de ce qu'on appelait alors *un fils de famille;* en revanche, il en avait les brillantes qualités. Il était joueur, prodigue, mais brave et généreux. Il avait de l'esprit, de l'instruction, la confiance naïve attachée à ses vingt ans et une expérience précoce. Ce n'était pas encore l'homme, mais ce n'était plus l'enfant. Il oscillait entre la douceur et la force, l'abandon et la hauteur. Les grâces de la marquise et le sang des d'Aubigné avaient passé par là : on le devinait, et ces dons précieux se disputaient un empire qui, plus tard, eût été partagé.

Tel nous apparaît le jeune marquis. Ses lettres sont comme un cadre animé où il s'est peint lui-même. On le voit, on l'entend, il agit. Il nous mène successivement à Lunéville, à Bude, à Vienne, au camp du prince Eugène, enfin sous les murs de Belgrade, où il trouve une mort glorieuse. Nous assistons à ses marches, à ses contre-marches, à ses fatigues, à ses plaisirs; et ce qu'il nous tait, J. B. Rousseau, qui était alors à Vienne (nous dirons tout à l'heure pourquoi), et un certain M. du Bourg, que nous soupçonnons être un *correspondant d'affaires,* ont soin de nous l'apprendre.

Cette alternative de demi-aveux spontanés et

d'indiscrétions rétrospectives jette une variété pi-
quante dans *l'action*, l'anime et la complète.

Du reste, le marquis portait à sa mère une affec-
tion tendre et profonde, il avait la religion de l'a-
mour filial. Lorsqu'il fut atteint d'une balle dans
l'épaule à la bataille de Belgrade, il voulut en informer lui-même la marquise, afin de la rassurer
sur les suites de cette blessure, qui lui coûta la vie
Cette lettre, qu'on trouvera plus loin et qui est
datée du 16 août 1717 (jour même du combat), fait
le plus grand éloge de son courage et de son cœur.

Quant à J. B. Rousseau, on sait qu'un arrêt du
parlement, en date du 7 avril 1712, l'avait condamné au *bannissement perpétuel du* royaume *pour
avoir composé et distribué des vers impurs, satiriques
et diffamatoires* (il s'agit des fameux couplets qui
n'étaient pas de lui). Dans la prévision de cet
arrêt, qui, provoqué par des ennemis puissants,
lui paraissait inévitable, Rousseau, dès 1711, s'é-
tait retiré en Suisse, où l'ambassadeur de France,
le comte du Luc, l'avait accueilli avec une faveur
marquée. Le comte ayant été appelé, en 1715, de
l'ambassade de Suisse à celle d'Autriche, Rousseau
le suivit à Vienne. Là, il trouva le prince Eugène,
qui se fit son zélé protecteur, mettant peut-être

quelque orgueil, dans sa haine contre la France, à honorer celui qu'elle flétrissait. Au surplus, Rousseau avait laissé des amis dévoués et influents en France, et, au dire de Saint-Lambert[1], la marquise de Villette était du nombre; elle ne l'abandonna pas dans ses malheurs; elle eut le courage de le croire innocent et celui de le dire; enfin, elle estimait sa personne autant qu'elle admirait ses talents. On s'explique dès lors la présence de J. B. Rousseau à Vienne, en 1716, le motif de l'intérêt que l'illustre proscrit portait au jeune marquis et la correspondance qu'il entretint avec sa mère.

[1] Voyez l'*Essai* déjà cité.

LETTRE DU MARQUIS DE VILLETTE A MADAME LA MARQUISE DE VILLETTE, SA MÈRE [1].

A Lunéville, ce 4 mai 1746.

J'ai reçu, ma chère mère, la lettre de M. de Macgoneld, qui me mande de votre part de partir pour Vienne. M. de Craon ne peut pas absolument m'emmener, pour des raisons que S. A. R. [2] lui a don-

[1] Ces lettres portent pour suscription : *A madame la marquise de Villette, rue Saint-Dominique, faubourg Saint-Germain, à Paris.*

[2] Il s'agit de Léopold Charles, duc de Lorraine et de Bar, fils de Charles IV et marié à Élisabeth-Charlotte d'Orléans, sœur du régent. La Lorraine a été possédée par des ducs de la maison d'Autriche jusqu'en 1736, époque à laquelle elle fut cédée, en échange du grand-duché de Toscane, à Stanislas Leczinski, beau-père de Louis XV, qui en jouit pendant sa vie. A la mort de ce prince (1766), elle fut réunie à la France. Les ducs de Lorraine faisaient leur résidence à Lunéville, où, paraît-il, le jeune marquis de Villette avait cherché une re-

nées, qui paroissent naturelles pour ses intérêts.
Ainsi, je pars jeudi sans faute, tout seul; je vais seulement jusque hors des terres de France avec un
commandant allemand qui va à Worms, et avec lequel je pourrai sortir en sûreté, et de là gagner
Rastadt. L'envie que j'ai de faire la campagne et
d'apprendre mon métier m'empêche d'attendre plus
longtemps; je crois que vous trouverez mon empressement raisonnable, craignant que la campagne
ne commençât sans moi. Je compte être à Vienne
le 16, ou le 17 au plus tard, et j'irai, comme vous
me l'ordonnez, droit chez M. le comte du Luc[1]. Je
vous renvoie la chaise par M. le marquis de Sabran,
à qui j'ai obligation en ce pays, m'ayant rendu tous
les services qui dépendoient de lui à cette cour-ci.
Le plus grand regret que j'aie en quittant ce pays,
que je compte presque comme le mien, c'est de m'é-
loigner de plus en plus de vous. Je vous prie, ma
chère mère, de croire qu'en quelque endroit du
monde que j'aille, je serai toujours, avec tout le

traite, à la suite de son duel. Ce M. de Craon dont il parle
était le favori du duc de Lorraine. Dans sa *Correspondance*,
Madame (la *Palatine*) tire à *boulets rouges* sur ce personnage,
de même que sur sa femme, qu'elle présente comme étant la
maîtresse de son gendre, etc.

[1] Ambassadeur de France à la cour d'Autriche.

respect et tout l'attachement possibles, votre très-humble et très-obéissant serviteur et fils.

De Villette.

P. S. Je crois que je ferai bien de m'arrêter deux jours à Munich, tant pour me reposer que pour y donner des lettres de cette cour-ci.

Je me suis trouvé ici, ma chère mère, dans l'obligation de faire quelque espèce de dépense et de jouer, avant de savoir la nouvelle de mon départ. J'ai cru ne me pas devoir défaire de 125 louis qui me restoient, pour un aussi long voyage que celui que je vais faire; ayant perdu 388 livres de Lorraine au jeu, avec un François que je connois fort, je lui ai promis de lui faire toucher son argent incessamment ici : ainsi, ma chère mère, si vous voulez avoir la bonté de faire envoyer 300 livres, monnoie de France, au sieur Mayer de Coblence, rue Quincampoix, chez le sieur Benard, tapissier, et tirer son reçu, que vous aurez la bonté de faire adresser à M. Haudot, chez M. le marquis de Spada, à Lunéville, vous me tirerez du premier embarras où j'aie été pour le jeu. Je crois, ma chère mère, que vous voudrez bien m'excuser, et vous n'aurez dans la

suite aucun lieu de vous plaindre de moi. Ayez la
bonté que le reçu soit au nom de Samuel, trésorier
de S. A. R. à Nancy, pour qu'il le paye quand on
le lui présentera.

LETTRE DE J. B. ROUSSEAU A LA MÊME [1].

A Vienne, le 12 mai 1716.

Je ne connoissois pas encore, madame, toute l'é-
tendue de ma sensibilité, et après les épreuves que
j'en ai faites dans le cours de ma vie, il me falloit
encore celle de voir la vôtre en danger. M. de Lan-
chal n'a pu vous représenter que bien foiblement
les alarmes que j'ai souffertes. Enfin Dieu a eu pi-
tié de moi : vous voilà rétablie. Mais à peine com-
mençois-je à respirer, que j'ai été frappé d'un nouveau coup de foudre en apprenant ce qui est arrivé
à M. votre fils [2]. Ma consolation et celle de vos

[1] Nous devons la communication de cette lettre à l'obligeance de M. Rathery, de la Bibliothèque impériale.

[2] Allusion au duel du marquis de Villette avec Jonzac, fils
d'Aubeterre.

amis est que les circonstances en sont honorables pour lui, et que, si le malheur vouloit qu'il fût obligé de rester longtemps hors du royaume, il y a lieu de croire qu'il trouvera ici de quoi réparer au moins ce qu'il a perdu dans le service de France. Sa naissance, sa jeunesse, sa figure et l'esprit qu'il doit avoir, étant né de vous, madame, y parlent déjà fort haut pour lui avant qu'il y ait paru; et vous verrez par la lettre que M. le comte de Bonneval[1] vous écrit, avec quelle vivacité il entre d'avance dans ce qui peut le regarder. Je connois assez ce pays pour vous pouvoir assurer que monsieur votre fils ne peut y avoir une meilleure recommandation ni un meilleur guide, supposé qu'il fasse la campagne et qu'il soit obligé de perdre de vue M. l'ambassadeur[2].

J'ai lu à S. E. la lettre que vous m'avez fait l'honneur de m'écrire, et vous aurez déjà vu par sa réponse qu'elle se fera un plaisir de régler elle-même

[1] Bonneval (Ch.-Alex., comte de), né en 1675, mort en 1747. Après la vie la plus aventureuse, due en partie à son caractère fougueux et fier, il se rendit en Turquie, embrassa l islamisme, et, sous le nom d'Achmet-Pacha, devint chef des Bombardiers. Son tombeau est dans un des cimetières de Péra. Il a laissé des *Mémoires*, 5 vol. in-12. Londres, 1755.

[2] Le comte du Luc.

tout ce qu'il faudra à M. le marquis de Villette
pour paroître à l'armée en homme de sa condition.
Je ne puis vous bien dire au juste à quoi cela peut
aller dans un pays comme la Hongrie, où on fait la
guerre sans voir ni villes ni villages, et où on est
souvent obligé de porter avec soi l'eau qu'on boit
et le bois qu'on brûle. Le nécessaire, par conséquent, y va fort loin; mais ce que je puis vous répondre, madame, c'est que monsieur votre fils sera
en bonnes mains et en bonne école. Je ne vous
parle point de la joie infinie que je me fais de pouvoir m'acquérir son amitié, et de vous marquer en
sa personne le souvenir que je conserve de vos
bontés. Je serois peut-être en état de vous en assurer de plus près si tous mes amis pensoient aussi
juste et aussi noblement que vous, et si je n'avois
pas été obligé d'arrêter moi-même des démarches
faites à mon insu et que j'aurois été forcé de désa-
vouer publiquement si elles eussent été poussées
plus loin[1]. En quelque lieu et en quelque situation

---

[1] Les amis zélés et puissants que J. B. Rousseau avait laissés à Paris, et en tête desquels figurait le baron de Breteuil,
agirent si bien, qu'en février 1716 — trois mois avant la date
de cette lettre, — ils lui avaient obtenu des *lettres de rappel*.
Mais, préférant une réhabilitation solennelle à une grâce.
Rousseau les refusa, et écrivit au baron de Breteuil : « J'aime

que je me trouve, je m'estimerai toujours heureux si je puis mériter la continuation de votre estime, et vous marquer par là le respect avec lequel je serai toute ma vie, madame, votre très-humble et très-obéissant serviteur.

ROUSSEAU.

J'apprends dans le moment que M. le chevalier Desalleurs vient d'arriver. J'espère avoir l'honneur de le voir demain chez M. le duc d'Aremberg, où je dois dîner.

---

bien la France, mais j'aime mieux encore mon honneur et la vérité... Je préférerai toujours la condition d'être malheureux avec courage à celle d'être heureux avec infamie. » Vingt ans après, las du séjour et du climat de Bruxelles où il s'était réfugié, et déjà chargé d'ans et d'infirmités, il sollicita mais en vain ces mêmes *lettres de rappel*. — Voyez la correspondance de Piron datée de Bruxelles, 1738-1740, consignée dans ses *OEuvres inédites*, et où il rend compte de ses relations avec J. B. Rousseau dans deux voyages qu'il fit aux Pays-Bas. — Vers la fin de 1738, voulant revoir un moment la patrie absente, J. B. Rousseau fit *incognito* une courte apparition à Paris; et l'autorité ferma les yeux sur cette infraction à l'arrêt du parlement. De retour à Bruxelles, il ne fit plus que languir; il y mourut le 17 mars 1741, après avoir reçu les sacrements, et en protestant de son innocence.

LETTRE DU MARQUIS DE VILLETTE A LA MÊME.

A Vienne, le 2 juin 1716.

J'ai reçu, ma chère mère, la lettre que vous avez eu la bonté de m'écrire; j'en ai été si comblé que je l'ai montrée à M. l'ambassadeur et à M. Rousseau, pour qu'elle pût servir d'exemple aux pères et aux mères de France qui ont des enfants à Vienne dans le même cas que moi, et qui sont fort inquiets de leur destinée. Je sais que vous m'envoyez beaucoup plus que vous ne pouvez en me donnant deux mille écus par an; je n'en ferai point sûrement de mauvais usage, outre que, quand on est à quatre cents lieues de son pays, on a le temps de faire des réflexions, en attendant les lettres de change. Il n'y a que cette campagne-ci qui me dérangera beaucoup. Je crois que vous aurez reçu le mémoire que je vous ai envoyé; je l'ai tiré d'un grand économe qui fait les affaires de M. de Bonneval; et M. le comte du Luc m'a mis entre les mains d'un homme dont il est sûr comme de lui. On se dispose à partir, et ce sera le 20 de ce mois-ci, au plus tard; il y a des préparatifs immenses. On prétend que le Turc

va assiéger une place aux Vénitiens. Je puis vous
mander quelques nouvelles, car ma lettre part par
le courrier de M. de Craon; celui que l'Empereur
avoit envoyé à Constantinople, avec un ordre pour
le Grand Seigneur de cesser ses préparatifs contre
les Vénitiens, ne revient point; cela inquiète infiniment tout le monde; il y a près de deux mois qu'il
est parti. On embarque sur huit vaisseaux de cinquante à soixante canons que l'Empereur a fait faire
pour barrer le chemin du Danube aux Turcs, au-
dessous de Pétervaradin, une quantité prodigieuse
de bombes, de grosses grenades, cinquante-cinq
pièces de 24 et tous les préparatifs pour un siége
considérable. Je crois que voilà assez de nouvelles,
car elles pourroient vous ennuyer. Pour en revenir
à quelque chose qui me regarde de plus près,
M. de Bonneval, qui me témoigne toujours beaucoup d'amitié, m'a l'autre jour promis que, si je
comptois m'établir en ce pays-ci, il me donneroit
une compagnie dans son régiment, mais qu'il ne le
pourroit faire sans en être assuré. Je vous prie, ma
chère mère, de n'en point parler, car, comme il
vient de la refuser à une femme qui a du crédit en
ce pays-ci, quoique les femmes n'y en aient com-
munément guère, je serois au désespoir s'il se

mettoit à dos des gens dont il doit infiniment attendre, principalement ceux pour qui j'ai eu des
lettres. Je ne m'explique pas plus clairement.

Je vous prie, ma chère mère, de me faire souvent donner de vos nouvelles : c'est la seule chose,
à cette heure, à quoi je m'intéresse en France, n'y
ayant ni patrie, ni amis qui puissent l'égaler; j'en
attends avec impatience et vous prie de croire que
je serai toute ma vie, avec tout le respect et l'attachement possibles, ma chère mère, votre très-
humble et très-obéissant serviteur et fils.

DE VILLETTE.

LETTRE DU MARQUIS DE VILLETTE A LA MÊME.

De Bude [1], le 29 juin 1716.

Nous arrivons enfin à Bude, ma chère mère, en
parfaite santé et en assez bon ordre, au temps près.
Le moindre coup de vent arrête notre voiture

---

[1] Bude, capitale de la basse Hongrie, dont les fortifications
formaient une barrière entre les Turcs et les chrétiens, au
seizième siècle.

presque pour tout le jour; nous avons fait le tiers
du chemin en six jours. C'est enfin cette grande
ville où M. de Nettancourt a tant signalé son courage et dont il nous a tant battu les oreilles[1]; d'où
nous sommes elle ne paroît qu'une bicoque. Nous
partirons demain à la pointe du jour. Pour continuer notre route, il faudra prendre quelques provisions pour faire cent quarante lieues de France
sans trouver un village. Nonobstant cela, nous nous
divertissons à merveille. M. de Spinola est de fort
bonne compagnie. C'est un Italien très-délié; il a
fait une fort jolie action. Son père le vouloit faire
d'Église; il est parti de Bruxelles et est venu droit
ici; il n'est à charge à personne, car il a bien de
l'argent, ce qui ne laisse pas que d'être un point
dans tous les pays du monde pour être bien reçu,
quand d'ailleurs on a du mérite personnel. Dès que
je serai au camp, je vous ferai le détail de notre
route. Surtout, ma chère mère, ménagez votre
santé, c'est elle uniquement que je désire, tout le
reste m'est fort indifférent. Je ferai tout ce que je
pourrai pour qu'il vous revienne du bien de moi,

[1] M. de Nettancourt faisait sans doute allusion à la prise de
Bude, en 1686, et aux scènes affreuses de massacre et de pillage qui la suivirent.

tout mon but étant de mériter les bontés que vous
me marquez, et que vous soyez persuadée que je
serai toute ma vie, avec tout le respect et l'attachement imaginables, ma chère mère, votre très-
humble et très-obéissant serviteur et fils.

DE VILLETTE.

LETTRE DE J. B. ROUSSEAU A LA MÊME.

A Vienne, le 15 juillet 1716.

Cette lettre, madame, n'est que pour accompagner celle que madame la comtesse de Bathiani[1]
m'a remise il y a deux jours pour vous. Cette dame
m'a paru tout à fait sensible à la politesse que vous
avez eue de lui écrire et aux bontés que vous avez
eues pour son fils, pendant le séjour qu'il a fait à
Paris. Je lui ai dit que, pour peu qu'elle voulût se pi-
quer d'honneur, il lui seroit aisé de prendre sa revanche, et que vous prendriez volontiers en paye-
ment tout ce qu'elle feroit pour M. le marquis de

----

[1] Maîtresse du prince Eugène.

Villette. Je crois qu'il trouvera à son retour une bonne amie en elle. Vous savez le crédit qu'elle a sur monseigneur le prince Eugène. Elle est fort polie et a été belle et l'est encore, et ne manque ni d'esprit ni de vivacité. Je me suis chargé avec plaisir de vous cautionner sa recornoissance et celle de monsieur son fils, qui vous assure de ses très-humbles respects. Il part pour l'armée, où il trouvera M. le marquis de Villette, de qui j'ai reçu hier une lettre sans date, où il me marque seulement qu'il est arrêté par les vents à un méchant village, à dix-huit milles de Bude, c'est-à-dire à six ou sept de l'armée. Je ne doute point qu'il n'y soit arrivé, à l'heure qu'il est, en bonne santé. Il me prie fort de lui envoyer le reste des deux mille francs qu'il comptoit de recevoir de MM. Veuzel et Sineri, et sur lesquels il m'a chargé d'acquitter quelques billets qu'il a faits en partant; mais le cruel M. Bernard n'a point encore écrit à ces messieurs, chez qui j'envoie tous les ordinaires inutilement.

Nous n'avons point encore de nouvelles de l'arrivée du prince à l'armée. Je sais seulement qu'il a passé, le trois, à sept heures du matin, devant Bude, et qu'il a dormi pendant toute la canonnade

qu'on y a tirée pour lui faire honneur. Les Turcs
ne sont point encore assemblés, mais cela ne peut
tarder, et le grand vizir doit être présentement à
Belgrade. Il ne paroît pas qu'ils aient grande envie
de guerroyer cette année, à voir leur inaction du
côté de la Dalmatie et des Iles. On ne sait pas même
si leur flotte est encore sortie des Dardanelles. Une
partie de celle du Danube mettra demain à la voile
ici. On n'a point encore vu de bâtiments comme
ceux-là sur le Danube. Ce sont de vrais vaisseaux
qui pourtant ne prennent que six pieds d'eau et qui
ne laissent pas d'avoir deux rangs de batteries.
L'amiral, sur lequel j'ai été il y a deux jours, a
soixante-quatre canons, et les autres en ont qua-
rante-huit à cinquante. Je ne sais comment cela
pourra manœuvrer sur une rivière. On en peut tirer
beaucoup d'utilité s'ils y réussissent; mais je vois
bien des gens qui en doutent. Je suis toujours, avec
toute la reconnoissance et tout le respect possibles,
madame, etc.

Rousseau.

LETTRE DE J. B. ROUSSEAU A LA MÊME.

A Vienne, le 18 août 1716.

Je voudrois bien, madame, pouvoir mériter les
remercîments dont il vous plaît de m'honorer à
l'occasion de monsieur votre fils; mais il faudroit
pour cela que je fusse lieutenant criminel ou procureur général, et je ne le suis ni ne le voudrois
être. Je souhaite que ceux qui le sont puissent se
rendre dignes des vôtres. Il en restera à M. de Villette l'honneur d'une campagne la plus glorieuse
qui ait encore été faite en Hongrie. Je ne doute
point qu'il ne vous ait informée des particula-
rités de la dernière victoire de M. le prince Eugène.
Elle est d'autant plus glorieuse qu'il n'avoit pas
quarante mille hommes contre les Turcs retranchés
avec plus de cent soixante mille.

Leur dessein étoit de s'emparer de Peterwaradin [1] et d'empêcher par là le passage du Danube
aux Allemands : ce qu'ils auroient exécuté si le

---

[1] La bataille de Peterwaradin eut lieu le 5 août 1716. Trente
mille Turcs y périrent. On leur prit 156 pièces de canon, 172

prince eût donné la bataille un jour plus tard, et
s'il eût attendu la jonction de toutes les troupes.
J'ai su par plusieurs personnes que monsieur votre
fils ne l'avoit pas quitté d'un moment, et il a pu
voir bien des choses en le suivant : car tout le
monde convient que la seule activité du général a
fait pencher la victoire, qui a été longtemps dis-
putée. Le pauvre comte de Bonneval, qui comman-
doit à la droite, y a été blessé d'un coup de lance
dans le ventre, et a combattu plus d'un quart
d'heure en tenant ses boyaux de la main gauche,
après avoir tué de la droite celui qui l'avoit blessé[2].
Il a fallu que les grenadiers de son régiment l'en-
levassent par force du champ de bataille. On m'é-

drapeaux ou étendards, 3 queues de cheval, 5 paires de tim-
balles et toutes les provisions du camp, qui fut abandonné au
pillage. Les Allemands perdirent 5,000 hommes et 500 chevaux.

[2] Ce fait héroïque est confirmé par l'histoire, qui, en outre,
présente le comte de Bonneval comme ayant résisté, une heure
entière, avec deux cents soldats, à un corps nombreux de ja-
nissaires qui l'enveloppait de toutes parts. Outre l'ode III du
livre IIIᵉ de ses œuvres que Rousseau a dédiée au comte de
Bonneval, il en a composé une autre sur la bataille de Peterwaradin, qui est la Xᵉ du même livre, où, dans la 13ᵉ strophe,
il glorifie en beaux vers l'action du comte de Bonneval, qu'il
appelle un *nouvel Alcide*.

crit du 11 qu'il est hors de danger. Le duc d'A-
remberg, malade d'un érisypèle à la tête, a fait
des merveilles, en ralliant l'infanterie, en quoi il a
été très-bien secondé par M. de Girardin, et le
chevalier Desalleurs a soutenu un poste où M. d'A-
remberg l'avoit placé avec vingt hommes : il en
a eu quatre tués à ses côtés.

Ils se portent à merveille et pourront encore voir
le siége de Temesvar tout à leur aise, car il n'y a
pas d'apparence que les Turcs puissent mettre
cinq cents hommes de leur infanterie ensemble du
reste de la campagne. Cette ville doit être investie
aujourd'hui par le maréchal Palfi et le prince
Alexandre de Wirtemberg. Je ne sais si M. de Villette restera à la grande armée, car il n'écrit point.
Tout ce que je sais par des gens non suspects, c'est
qu'il a été vu partout et qu'on l'estime fort à l'armée. J'ai reçu pour lui la lettre de change de mille
florins dont vous me faites l'honneur de me parler
dans votre lettre; sur quoi il est bon que vous sa-
chiez, madame, que M. *** nous en a escamoté
soixante, et que deux mille francs de France valent
ici mille soixante florins. J'en ai payé ce qu'il avoit
laissé de dettes ici, et j'ai retiré ses billets. Je lui
enverrai le reste dès qu'il m'aura donné une

adresse pour cela. Je suis persuadé, madame, qu'il se fera honneur de la dépense que vous faites pour lui. Je m'en ferai toujours un fort grand des occasions que vous me donnerez de lui marquer mon zèle et de vous donner des témoignages de l'attachement et du respect infini avec lequel je suis, madame, etc.

ROUSSEAU.

J'ai bien peur que vous ne receviez pas de si bonnes nouvelles de Corfou que de Hongrie. Les Turcs y avoient débarqué trente mille hommes dès le 9 du mois passé, et on ne doute presque point qu'ils n'en soient actuellement les maîtres. L'Empereur a donné hier un régiment au duc d'Aremberg.

LETTRE DU MARQUIS DE VILLETTE A LA MÊME [1].

Du camp devant Temesvar [2], le 26 août 1716.

Vous m'avez tiré d'une grande inquiétude, ma chère mère, en me donnant de vos nouvelles; il y avait plus d'un mois que je n'en avais reçu aucune. Je n'ai pu trouver aucune occasion de vous écrire depuis Peterwaradin; nous avons toujours été en marche; nous ne sommes arrivés que d'hier devant cette ville, dont on va vraisemblablement faire le siége. Si on la prend, M. de Bonac [3] pourrait bien

---

[1] Non-seulement M. Théophile Lavallée a bien voulu nous communiquer spontanément cette lettre et celle qu'on trouvera plus loin sous la date du 17 juillet 1717, mais encore il a pris la peine de nous les envoyer copiées de sa main. C'est plus qu'ajouter une condescendance aimable à un acte d'obligeance : c'est consacrer un souvenir. Qu'il en reçoive ici nos sincères remercîments.

[2] Temeswar était une place que l'art et la nature avaient également fortifiée. Les Turcs y avaient depuis plus de deux siècles une garnison de 12,000 hommes avec toutes les munitions nécessaires pour un long siége. Par les ordres du prince Eugène, le comte de Palfi fut détaché avec seize régiments, pour investir cette place, dont on se rendit maître après un combat de plus de quatre heures.

[3] Bonac (Jean-Louis d'Usson, marquis de), né en 1672, mort en 1738. Fut successivement ambassadeur en Suède, en Espagne, à Constantinople. Ce fut lui qui détermina le Grand

avoir plus besoin de mon secours que moi du sien;
si, comme on le dit, le sultan vient en personne et
qu'il soit une seconde fois battu, la mauvaise humeur pourrait le prendre, et comme les ambassadeurs sont obligés de suivre Sa Hautesse, il
pourrait avoir une touche de bastonnade avec
ses confrères. Il y a longtemps que je le lui ai
prédit.

Je suis fort aise que M. de Jonzac [1] fasse ce pas;
je souhaite qu'il soit heureux : j'en attends la décision. Quoique j'eusse une grande envie de m'en
retourner après la campagne, si vous jugez à propos que je reste pour une seconde, je vous prie,
ma chère mère, de me le mander; sans cela, à la
fin, je vendrais mon équipage sur les lieux encore
assez cher, au lieu que n'ayant point d'emploi et
par conséquent point de rations ni de plans de
fourrages, il faudrait le renvoyer à Vienne, et faire
faire plus de deux cents lieues à des chevaux fati-
gués, à mes propres frais et dépens. J'aurais grand'-
peine à les y conduire. Je ne ferai pourtant rien

Seigneur à envoyer une ambassade solennelle au roi de France,
et ce fut la première que nos rois eussent reçue des empe-
reurs ottomans.

[1] Le jeune homme avec lequel il s'était battu en duel.

sans vos ordres, à moins que la campagne ne finisse avant que je les aie reçus.

Je suis charmé que votre santé se rétablisse. Faites-moi, je vous prie, mander souvent des nouvelles : c'est un des grands plaisirs que je puisse avoir ; étant si fort éloigné, les lettres sont près d'un grand mois en chemin. Je vous prie, ma chère mère, d'être persuadée que je serai toute ma vie, avec tout le respect imaginable, votre très-humble et très-obéissant serviteur et fils.

DE VILLETTE.

LETTRE DE J. B. ROUSSEAU A LA MÊME.

A Vienne, le 1er septembre 1716.

Je n'aurais eu garde de manquer, madame, à vous informer de la bataille de Peterwaradin par le courrier de M. l'ambassadeur, si j'avais pu alors vous mander des nouvelles de monsieur votre fils. J'ai eu l'honneur de vous écrire depuis ce temps-là ce que j'en ai su. Il s'en est tiré d'une manière

très-glorieuse pour lui et très-satisfaisante pour
vous, à deux contusions près, qui ne l'ont pas empêché de monter à cheval dès le lendemain. Il est
présentement devant Temesvar, où l'armée est arrivée le 26, après une marche de quatorze jours
dans un pays si affreux que l'eau s'y est vendue
jusqu'à dix sous la pinte. On me mande du 27 qu'il
se porte bien, malgré le mauvais air du pays; que
ce jour-là on devoit prendre poste autour de Temesvar et travailler les suivants aux lignes de circonvallation en attendant la grosse artillerie, après
quoi on ouvriroit la tranchée. Il y a neuf à dix mille
hommes dans la place, qui est très-forte et tout
entourée de marais, en sorte que sans un temps
sec il est impossible de demeurer devant. Cette
conquête est la plus importante que l'Empereur
puisse faire en Hongrie, dont elle achève de chas-
ser les infidèles. Elle assure la Transylvanie, ouvre
la Valachie, assure le Danube au-dessous de Belgrade, et donne moyen de prendre des quartiers
d'hiver à portée de cette dernière ville et d'en
faire le siége avant que l'ennemi puisse mettre en
campagne. Mais l'entreprise est hardie et difficile,
et elle a déjà été manquée deux fois par les armes
victorieuses de l'empereur Léopold. Les Turcs se

défendent mieux derrière des murailles qu'en campagne. Ils ne sont pas si civilisés que nous. On les étrangle quand ils capitulent, et on les tue quand ils se laissent prendre d'assaut; c'est le parti qu'ils prennent toujours. J'espère que monsieur votre fils sera assez heureux pour en voir la fin sans maladie et sans blessure; et il pourra se vanter d'avoir vu une belle et instructive campagne.

J'écris aujourd'hui à M. de Bonneval et lui fais part de tout ce que vous me mandez d'obligeant pour lui. Sa blessure va de mieux en mieux, et il compte encore d'être assez tôt sur pied pour aller chercher son reste à Temesvar. Il m'a écrit de sa main, et tous ceux qui l'ont vu m'ont assuré qu'il n'avoit jamais été de si bonne humeur. M. l'ambassadeur a été incommodé quatre ou cinq jours de ses palpitations, mais il en est parfaitement guéri. Je sais de lui, madame, avec quelle vivacité votre amitié s'intéresse pour lui, et personne ne peut vous dire mieux que moi à quel point il en est reconnoissant. Comme il se peut faire que nos François ne soient pas plus réguliers à écrire à Paris qu'à Vienne, madame Desalleurs ne sera peut-être pas fâchée d'apprendre que monsieur son

fils est en bonne santé, et que les fatigues l'ont
guéri d'une horrible fluxion qu'il avoit sur les
yeux. Nous sommes à tout moment dans l'attente
d'une action entre la flotte des Vénitiens et celle
des Turcs. Corfou est très-pressé et le général
Schnylembourg a été obligé d'abandonner les hauteurs d'Abraham et de Saint-Sauveur qu'il avoit
fortifiées tout l'hiver, faute de monde pour les
garder. Le courrier de M. l'ambassadeur m'a assuré
que votre santé étoit bonne. C'est la meilleure nouvelle qu'il m'ait donnée de Paris, personne au
monde ne s'y intéressant plus que je le fais, et
n'étant avec plus d'attachement, de respect et de
reconnoissance, madame, votre très-humble et
très-obéissant serviteur.

ROUSSEAU.

LETTRE DE J. B. ROUSSEAU A LA MÊME.

A Vienne, le 8 janvier 1717.

Je n'ai reçu que depuis cinq jours, madame, la
lettre que vous m'avez fait l'honneur de m'écrire

du 1er décembre. Le retardement du courrier de
M. l'ambassadeur à Paris en a été cause. Il est
arrivé enfin et nous a apporté le congé que nous
demandions. Ainsi, madame, pour peu que la santé
de M. le comte du Luc continue à bien aller, je
compte que vous le verrez avant le mois de mai.
Vous pouvez bien juger de ce que me coûtera cette
séparation ; mais je ne puis en être plus affligé que
je l'ai été de l'état où nous l'avons vu, et d'ailleurs
elle lui est nécessaire, et c'est bien le moindre sacrifice que je doive à son bonheur que celui de ma
satisfaction. Après avoir été à la mort, il a eu quinze
jours d'intervalle qui ont été suivis d'une rechute
très-fâcheuse, dont il ne commence à se rétablir
que depuis huit jours ; de sorte qu'il n'a point
quitté le lit depuis la Toussaint. Il a reçu pendant
tout ce temps-là la lettre que vous lui aviez adressée pour M. le prince Eugène, qui fut rendue le
même jour. J'aurois répondu sur-le-champ à celle
que son courrier m'a apportée ; mais, comme tout
ce qui vient de votre part m'est sacré, j'ai cru devoir commencer par exécuter une partie de vos
ordres, et pour cela il falloit savoir les sentiments
de monsieur votre fils. Je l'ai trouvé dans la résolution de s'attacher fixement à ce service et d'y

prendre de l'emploi, ce que j'aurais fort approuvé
si son affaire eût été désespérée [1]; mais j'ai cru devoir lui représenter que les liens de la patrie n'étant
point rompus, et étant moralement sûr d'y retourner dans un an, il ne devoit point songer à
prendre des engagements chez un prince étranger,
à moins qu'ils ne fussent de nature à pouvoir être
quittés avec honneur; qu'il étoit bien vrai que les
marques de distinction qu'il pourroit recevoir en
ce pays-ci ne lui seroient pas désavantageuses en
France, mais qu'il les obtiendroit plus facilement
en faisant paroître que ce n'est point l'intérêt qui
les lui fait rechercher, et que les appointements
d'une campagne n'étaient pas assez considérables
pour captiver sa liberté par des serments. Il s'est
rendu à mes raisons, et M. le comte du Luc m'a
paru dans les mêmes sentiments. Nous sommes
donc convenus de solliciter pour lui la place d'ad-
judant général sans appointements. Vous savez,
madame, qu'elle ne s'accorde qu'à d'anciens offi-
ciers tout au moins lieutenants-colonels, et les
Allemands, jaloux comme ils sont, ne digéreroient
pas facilement un passe-droit de cette nature en fa-

---

[1] Allusion aux suites du duel.

veur d'un jeune étranger, si monsieur votre fils étoit moins aimé ici. J'en ai parlé fort au long au comte de Sinzendorff, chancelier de la cour[1], et il m'a promis d'en faire incessamment la demande à M. le prince Eugène et de l'appuyer de tout son crédit, qui est fort grand. Dès qu'il aura fait l'ouverture, je saurai du prince même quels sont ses sentiments, et je ne manquerai pas, madame, de vous en informer.

Vous avez déjà vu sans doute M. le comte de Bonneval. Si son avis par hasard ne se trouvoit pas conforme au nôtre, il seroit toujours temps de songer à autre chose, et je puis vous assurer sans compliment que l'estime générale où vous êtes ici, sans peut-être le savoir, influera plus sur la fortune de M. de Villette qu'aucune des plus fortes recommandations. Je ne dirai point qu'il n'y ait rien à regretter pour moi en France. Je vous regretterai toute ma vie, madame, aussi bien que M. Boudin et madame de Caylus; mais la nécessité n'a pas de loi. Je suis avec tout l'attachement et tout le respect possibles, madame, etc.

Rousseau.

---

[1] Plus loin se trouve une lettre de ce personnage, adressée à la marquise de Villette.

LETTRE DU MARQUIS DE VILLETTE A LA MÊME.

A Vienne, ce 24 février 1717.

J'ai toujours attendu pour vous écrire, ma chère mère, que vous eussiez reçu la lettre de M. Rousseau, pour vous dissuader des mauvaises impressions qu'on vous avoit données sur mon chapitre. Je puis même assurer que monsieur l'ambassadeur a été fort fâché d'avoir cru un peu trop facilement, si j'ose le dire, le discours de quelques valets impertinents qui ne connoissoient pas la conséquence de ce qu'ils avançoient et le tort que cela me pouvoit faire. Il y a assez de gens qui peuvent veiller sur ma conduite, et vous rendre un compte exact de toutes les démarches que j'ai faites et ferai en ce pays; je fais tout mon possible pour qu'elles soient conformes à vos intentions et pour que vous n'ayez aucun sujet de vous plaindre de moi. J'ai été assez heureux, sans risquer du mien, de gagner trois cents ducats : je les ai sur-le-champ employés à mon équipage, qui est fait, à la réserve de quelques bagatelles, qui vont peut-être à six cents livres, tout au plus, moyennant quoi j'en aurai un des plus

olis de l'armée. Comme vraisemblablement ce sera
la dernière campagne, il est bon de la faire un peu
convenablement, et en cas que ce que nous demandons nous soit accordé, il ne me faudra pas un sou de
surplus. Ainsi, ma chère mère, toute la grâce que
je vous demande, en cas que vous puissiez le faire,
sans trop vous incommoder, c'est de me faire toucher, le 1er d'avril, au lieu de 500 francs qui seront
échus, 1,000 francs, pour achever mes petites provisions, pour acheter un radeau et payer les frais
du voyage qui se monteront à six cents livres. S'il
se pouvoit faire qu'en partant j'emportasse quelques
mois d'avance, cela me feroit grand plaisir ; sans
cela, je serai dans la même position que l'année
passée avec les lettres de change, puisque personne
n'emporte d'argent superflu en Hongrie pour les
payer. Le prince Frédéric de Wirtemberg, qui
m'avoit chargé de sa commission pour les selles,
enverra l'argent demain ou après, au plus tard, à
M. l'ambassadeur pour vous le faire tenir. Ainsi,
ma chère mère, si vous voulez avoir la bonté de les
faire retirer de chez Bizet et de les faire envoyer
au plus tôt par le coche à Strasbourg, à l'adresse
de MM. Kommann, banquiers à Strasbourg, pour
M. le prince Frédéric de Wirtemberg (de Stras-

bourg à Stuttgart), vous me ferez un grand plaisir, et monsieur l'ambassadeur, qui part dans six jours, vous portera l'argent si on ne demande aucune augmentation aux selles. Si vous avez quelques ordres pour ce pays-ci, je les attends, et m'en acquitterai le mieux qu'il me sera possible. Je suis, ma chère mère, avec un profond respect, votre très-humble et très-obéissant serviteur.

De Villette.

LETTRE DU MARQUIS DE VILLETTE A LA MÊME.

A Vienne, ce 4 avril 1717.

La lettre que j'ai reçue de vous, ma chère mère, du 18 de mars, m'a tiré d'une grande inquiétude où j'étois pour votre santé, et m'a fait grand plaisir, en m'apprenant la nouvelle du départ du prince de Dombes : car, quelque lié que l'on soit avec les Allemands, on est toujours bien aise de voir quelqu'un de sa nation, et c'est un soulagement pour des étrangers de retrouver leurs compatriotes. Pour M. le prince de Conti, s'il vient, je lui ferai

connoître qu'on peut se passer d'un prince du sang
aussi facilement hors de chez soi que dans son
propre pays[1]; je puis même me vanter qu'il aurait
beaucoup plus besoin de moi ici que je n'en ai eu de
lui en France. Le prince Eugène me questionne fort,
toutes les fois que je le vois, sur son humeur et sa
manière de vivre; mais mon silence sur ce chapitre
ne lui fait rien augurer de bon. Le prince Frédéric
m'a envoyé l'argent pour les selles en question;
mais M. l'ambassadeur n'a pas voulu s'en charger :
personne ne se charge d'argent de ce pays-ci pour
France. Ainsi, ma chère mère, je vous supplie de
vouloir bien faire partir incessamment les selles,

[1] On se souvient que c'est le prince de Conti, d'après le rapport de Saint-Simon, qui poussa les deux jeunes gens à se battre. Dès lors, on ne saurait être étonné de la pointe d'humeur et de dépit qui perce dans cette phrase de la lettre du
marquis. C'était une juste représaille. Du reste, ce prince appartient plutôt à l'histoire anecdotique de son temps qu'à la
grande histoire; il fut plus célèbre par ses défauts que par ses
qualités. Contrefait de corps et d'humeur bizarre, il eut avec
sa mère, et surtout avec sa femme, des querelles qui dé-
frayèrent longtemps la malignité publique. Les mémoires et
les chansons fourmillent de traits peu à sa louange. Il eut
néanmoins l'esprit d'applaudir un des premiers aux premiers
succès de Voltaire. Cette preuve de bon goût peut faire par-
donner quelque chose à la mémoire d'un prince dont on disait,
d'ailleurs, ce qu'on avait dit de César, savoir : qu'il était le mari
de beaucoup de femmes et la femme de beaucoup d'hommes.

et de me retenir cet argent qui fait 1,045 francs sur celui que vous m'enverrez pour la campagne ; Coquille le garde toujours en attendant. On me presse fort, et ce seroit entièrement désobliger le prince, qui peut me faire plaisir, de ne pas s'acquitter de cette commission, et cela n'auroit nulle grâce, après le lui avoir promis, de lui rendre son argent et de n'en rien faire. J'espère, ma chère mère, que vous aurez cette bonté. J'achèverai de répondre à votre lettre, l'autre poste, car celle-ci part dans le moment. Je suis, ma chère mère, avec tout le respect imaginable, votre très-humble et très-obéissant serviteur et fils.

De Villette.

LETTRE DU MARQUIS DE VILLETTE A LA MÊME.

Du camp de Foutack, en Hongrie, ce 13.

Je suis enfin arrivé hier au camp, ma chère mère, en fort bonne santé, après un petit voyage de dix-huit jours sur l'eau : c'est une des tristes voitures que l'on puisse trouver. Nous nous sommes accou-

tumés, pendant ce temps, aux galettes de blé de
Turquie, en guise de pain, qui sont fort bonnes
dans un tel pays : car il en faut fort peu pour ras-
sasier tout un équipage. Pour vous mettre au fait
de tous nos malheurs, nous avons été si accablés de
cousins et de mouches plus grosses que les taons
de France, pendant notre route, qu'on ne recon-
noissoit personne en arrivant, tant on étoit défiguré.
Je ne sache aucun supplice plus rude que celui-là.
Cela étoit au point que plusieurs de nos gens en ont
pensé perdre la vue; nous en sommes, Dieu merci,
dehors, très-contents d'être en ce pays-ci, qui paroît fort agréable. J'ai déjà pris possession de ma
charge, qui n'est pas des plus difficiles; il n'y a
qu'à courir. L'armée n'est pas encore toute assemblée; elle arrive tous les jours ; nous sommes à
deux lieues de France de Peterwaradin. On compte
dans quelques jours passer le Danube; en adressant
les lettres à l'armée, chez le prince Eugène, elles
seront toujours rendues. Je crois que la campagne
ne laissera pas que d'être longue ; nous ne serons
vraisemblablement pas à Vienne avant la fin de
novembre. Il fait fort beau ici, il n'y a que les nuits
qui sont très-froides, quoique les chaleurs du jour
soient aussi fortes qu'en Italie. Je suis, à cette

heure, campé auprès de M. de Bonneval, qui me charge de vous assurer de ses respects. Il a mille bontés pour moi, dont je ne saurois avoir trop de reconnoissance, car il s'intéresse à tout ce qui me regarde avec une attention infinie. Je fais, de mon côté, tout ce que je puis pour lui marquer mon attachement ; il m'est d'un grand secours ici, car il est aimé et estimé généralement de toute l'armée. J'attends, ma chère mère, tous les jours des nouvelles de ma destinée, je voudrois savoir à quoi m'en tenir, pour être sûr si je suis pendu ou non ; ils me font beaucoup languir[1], car j'espère, de quelque manière que cela se tourne, que j'aurai le plaisir de vous voir incessamment après cette campagne : c'est tout ce que je souhaite, et que vous soyez persuadée que je serai toute ma vie, avec un très-profond respect, ma chère mère, votre très-humble et très-obéissant serviteur et fils.

DE VILLETTE.

Le chevalier Desalleurs a fort mal aux yeux, et j'en suis fort inquiet. Je vais dans le moment souper chez le duc d'Aremberg.

---

[1] La marquise de Villette faisait faire des démarches actives pour hâter le retour de son fils en France.

Vous devez un compliment à M. de Bonneval, qui a été avancé : il vient d'être fait lieutenant général d'infanterie de l'Empereur.

Depuis ma lettre écrite, le chirurgien qui voit le chevalier Desalleurs vient de me dire que ses yeux vont beaucoup mieux et que ce ne sera rien.

———

LETTRE DU MARQUIS DE VILLETTE A LA MÊME.

Au camp de Foutack, le 24 mai 1717.

Je suis arrivé hier ici, ma chère mère, avec le prince Eugène, qui m'a permis de venir avec lui sur son bateau. Je n'ai pas manqué, en chemin, de lui témoigner le désir que j'avois d'apprendre mon métier sous lui ; il m'a paru que cela lui faisoit plaisir, mais il ne m'a rien dit de positif et sur quoi je puisse tabler. Le chevalier de Rabutin, frère de M. le comte de Sinzendorf, qui est fort de mes amis, m'a offert, en cas que je voulusse m'attacher pour toute ma vie en ce pays-ci, de faire en sorte d'accommoder un capitaine de son régiment de dragons, et de me donner sa compagnie ; je l'ai beaucoup remercié et l'ai prié d'attendre votre décision, ma chère mère, sans laquelle je ne veux rien faire. Il en a paru content, et m'a fait des objections très-sensées : il m'a même dit que, rien ne me forçant à prendre de l'emploi dans le pays, puisque je pouvois retourner en France, je ne pouvois pas honorablement entrer dans ce service pour le quitter un jour, et qu'il falloit bien me sonder pour faire ce pas ; que le prince étoit déjà âgé, et que lui, il étoit rarement à son régiment ; que si l'armée venoit à être commandée par un autre, je pourrois facilement rester vingt ans capitaine, y en ayant dans son régiment qui le sont avant que je fusse né. J'ai été bien aise de vous rendre compte de cette conversation ; ainsi, ma chère mère, si votre dessein est de me faire rester toute ma vie en ce pays-ci, dès que j'aurai reçu vos ordres, je demanderai la compagnie, et de ce jour-là je me compterai Allemand, et ne retournerai en France que pour vous y voir et vous assurer qu'en quelque lieu que j'aille, je serai toujours avec un très-profond respect, ma chère mère, votre très-humble et très-obéissant serviteur et fils.

DE VILLETTE.

LETTRE DE DU BOURG[1] A LA MÊME.

Vienne, le 26 mai 1717.

J'ai reçu, madame, la lettre que vous m'avez fait l'honneur de m'écrire, avec la lettre de change qui y étoit jointe. Quoique les 1,080 francs ne soient pas payables à mon ordre, le banquier veut bien me les compter, et je les recevrai sans en avertir M. le marquis de Villette. Je ne vous parlerai pas, madame, du penchant qu'il a pour la dépense; vous le connoissez; mais peut-être que l'embarras dans lequel il s'est trouvé pour son départ le portera à me tenir la parole qu'il m'a donnée de ménager son argent plus qu'il n'a fait. Avant le départ de M. le comte du Luc, il paroissoit que ses affaires étoient en règle et que peu de chose le mettroit en état de faire la campagne avec distinction; mais les approches du départ m'ont fait voir le fond du sac, et j'ai reconnu avec regret qu'il étoit à la veille de ne pouvoir pas faire la campagne. Dans cet état, madame, je lui ai fait trouver de l'argent, chose diffi-

[1] Correspondant *d'affaires* entre la marquise et son fils, ou plutôt surveillant *secret* de celui-ci.

cile à Vienne. Il m'a d'abord demandé 500 francs,
et puis il en a pris jusqu'à 1,500 des mêmes personnes à qui j'avois répondu; malgré cela, il ne
pouvoit encore sortir de Vienne, en ménageant
quelque chose pour sa campagne, et il a trouvé
l'expédient de me renvoyer ses créanciers, qui
montent à plus de mille florins. Il est vrai qu'il
compte ménager en campagne, mais Dieu seul sait
s'il tiendra parole. Voilà, madame, l'état au vrai
de la situation de M. le marquis de Villette; il a
un fort bel équipage et sera fort au-dessus des
François qui feront la campagne; mais je sens avec
regret que vous vous incommodez pour lui; il le
sent aussi, il parle à merveille sur cet article, et il
n'y a que l'exécution qui trouve de la difficulté, car
d'ailleurs monsieur votre fils a tout ce qu'il faut
pour se faire aimer et pour s'acquérir l'estime. Il
faut, de votre côté, lui tenir les rênes courtes; peut-
être que ce parti lui fera connoître le prix de l'argent. Celui que vous lui enverrez, madame, sera
reçu par moi et employé à payer ce qui est dû à
Vienne; mais je ne lui dirai pas tout, et si vous le
jugez à propos, je lui ferai croire, à son retour,
qu'il doit encore beaucoup, afin de l'obliger à
vendre de ses chevaux pour payer et diminuer par

là son équipage, qui est par trop fort. Je m'imagine, madame, qu'il vous aura informée de ce qu'on lui a dit, par rapport au service de l'Empereur. La campagne, l'amitié que le prince Eugène a pour lui, et vos volontés décideront du parti que M. de Villette aura à prendre. Si c'est de rester quelques années ici, il trouvera toute sorte de facilités, car il est généralement aimé, et c'est une justice que je ne puis lui refuser. J'aurai soin de vous informer de ce qui pourra l'intéresser, et vous devez être persuadée que, par attachement pour vous et pour lui, je ne négligerai rien de ce qui regarde monsieur votre fils. Je suis avec un profond respect, madame, votre très-humble et très-obéissant serviteur.

Du Bourg.

LETTRE DE DU BOURG A LA MÊME.

Vienne, le 10 juillet 1717.

J'ai reçu, madame, la lettre que vous m'avez fait l'honneur de m'écrire le 14 juin. J'ai envoyé à

M. le marquis celle qui étoit pour lui, et j'ai pris la liberté de lui dire mon sentiment sur le nombre de créanciers qu'il a laissés à Vienne. Je n'ai point ouï dire, madame, qu'il ait emprunté d'argent depuis qu'il est à l'armée; s'il se ménage pendant la campagne, il pourra se tirer d'affaire sans vous causer un aussi grand dérangement que je l'ai craint. Il s'est bien gardé de dire à quoi montoient ses dettes; ainsi, madame, je ne puis vous en rendre un compte bien fidèle. J'ai payé à Donon 404 florins dont les lettres ont été renvoyées, et j'ai donné quelques à-compte, à ceux à qui il est dû; en sorte qu'il me reste de l'argent que vous m'avez envoyé, 180 francs, que je garde en cas de besoin. Il est dû 800 francs à un banquier qui, je crois, a renvoyé les lettres à Paris, et il attendra votre commodité : le reste des dettes peut aller à 400 ou 500 florins. Une fois que le plus pressé sera payé, je ne serai point embarrassé de trouver de l'argent dans un besoin; mais il faudra que le besoin me paroisse évident, et, si je suis encore ici l'hiver prochain, je vous réponds, madame, que je veillerai de plus près à la conduite de monsieur le marquis. Après m'avoir fait voir qu'il lui falloit de l'argent pour payer son équipage, je lui en ai fait trouver; il a pris le

double de ce qu'il m'avoit demandé, et avec cela
il n'a payé personne. Ce seroit un grand bien s'il
pouvoit perdre son goût pour la dépense, car d'ailleurs il a tout ce qui fait estimer, et chacun l'aime
à l'envi. Je suis bien heureux, madame, de ce que
vous voulez vous intéresser avec tant de bonté à ce
qui me regarde ; il ne faut pas moins qu'une protection comme la vôtre pour ébranler le conseil
dont je dépends. M. le maréchal d'Auxelles me promet de m'envoyer de l'argent, et je suis aussi tranquille que si je savois où prendre de quoi vivre dans
quatre jours. Continuez vos bontés et ne doutez pas
du très-profond respect avec lequel je serai toute
ma vie, madame, votre très-humble et très-obéissant serviteur.

Du Bourg.

LETTRE DU COMTE DE SINZENDORF [1] A LA MÊME.

A Luxembourg, ce 9 de juin 1717.

J'ai reçu, madame, la lettre que vous m'avez
fait l'honneur de m'écrire. J'y ai reconnu avec

---

[1] Sinzendorf (Ch.-L. comte de), ministre d'État autrichien,
chancelier de l'Empire, 1671-1742, se fit un nom par l'ha-

plaisir cette délicatesse d'esprit et cette même politesse que j'avois admirée pendant mon séjour en
France. M. le marquis de Villette est bien heureux
d'être né d'une telle mère; aussi faut-il lui rendre
justice qu'il a fait son profit de la belle éducation
que vous lui avez donnée. Si son inclination le porte
à rester au service de l'Empereur, je ne doute pas
qu'il n'y trouve des accommodements qui lui con-
viendront. Il sait la langue : c'est déjà un avantage ;
et l'on voit avec plaisir qu'il se fait aux manières
du pays, sans pourtant rien gâter de celles qu'il a
apportées de votre cour. Il paroît que le prince
Eugène le goûte beaucoup, et vous jugez bien qu'il
n'en faut pas davantage pour le mettre dans la
meilleure et la plus agréable route. Le reste viendra avec le temps. Cependant, madame, assurez-
vous que tout ce que je pourrai faire pour son service, je le ferai avec une attention particulière, et
que je serois ravi de pouvoir vous donner en cela

---

bileté qu'il déploya dans plusieurs missions diplomatiques, et
remplaça le prince Eugène dans la haute direction des affaires.
Ce fut lui qui décida les guerres avec la Turquie et la France,
la quadruple alliance, la pragmatique, etc., etc. J. B. Rousseau lui a dédié une de ses odes, la sixième du livre III de ses
œuvres.

des marques de l'estime et de la vénération avec laquelle je suis, madame, etc.

Le comte DE SINZENDORF.

———

LETTRE DU MARQUIS DE VILLETTE A LA MÊME.

Au camp devant Belgrade, le 17 juillet 1717.

Je reçois dans le moment, ma chère mère, votre lettre du 14 de juin qui me tire de l'inquiétude où j'étois pour votre santé. Les nouvelles sont si long-temps en chemin, qu'on a toujours deux mois à attendre une réponse. Je crains même que, comme la manière de ce pays-ci est d'ouvrir toutes les let-tres, on ne se donne pas la peine de les recacheter pour les envoyer.

Je crois, ma chère mère, que vous ne serez pas fâchée de savoir au juste ce que nous faisons main-tenant devant cette ville; car on écrit de tant de façons différentes, que peu de relations se rencon-trent justes. On a fait un fort bon camp retranché d'une ligne de circonvallation et de contrevallation du Danube à la Save, qui contient la plus grande partie de notre armée : le reste est de l'autre côté, sur les hauteurs de Semlin, sous le commandement du général Martigny, qui est aussi retranché et qui a sa communication avec la grande armée par un pont fait sur un marais fort étendu, qui va presque depuis son camp jusqu'à la Save. Le pont est défendu par une redoute carrée que les assiégés ont voulu attaquer par une descente de leurs galères ; mais ils ont été repoussés et ont perdu assez de monde ; et pour les empêcher de faire de nouvelles tentatives, on travaille actuellement à faire une batterie de trente canons et de vingt mortiers, presque à l'angle de la Save et du Danube, dont quelques-uns battront le bord de l'eau, et le reste prendra tous les ouvrages du dehors de la ville à revers et les incommodera beaucoup.

Le bas du Danube, où nous avons un pont, est très-tranquille; nous avons une redoute de l'autre côté, et les ennemis une autre, qui sont séparées par un bras de rivière qui se jette dans le Danube et qu'on appelle la Donaïse. La tranchée n'est pas encore ouverte; je crois qu'on attend des nouvelles sûres des Turcs, qui doivent venir dans quelques jours avec une armée très-nombreuse; leur armée navale est à cinq heures d'ici. Ma relation est peut-être fort mal détaillée : je puis pourtant vous assurer qu'elle est juste. J'apprends, dans le moment, que toute leur armée est à une journée ou deux tout au plus d'ici.

Pour ce qui regarde la compagnie que le chevalier de Rabutin m'avoit offerte, il y a toujours de nouveaux inconvénients. Premièrement, il faut placer avantageusement le capitaine qu'il occupe, et de plus, leur système général et qu'ils me représentent tous les jours, est que quand on a pris les gages de l'Empereur, il n'est plus permis de quitter son service. Le comte de Bonneval est si fort dans ce sentiment, qu'il m'en a dit tout autant. Ainsi, le mieux est de finir la campagne comme je l'ai commencée, et, de là, retourner à Vienne attendre vos ordres, qui seront, à ce que j'espère, de revenir à Paris : car vous pouvez juger, ma chère mère, de l'empressement que j'ai de vous voir et de vous assurer que je serai toute ma vie, avec un attachement et un respect inviolables, votre très-humble et très-obéissant serviteur et fils.

De Villette.

Je commence, ma chère mère, à avoir grand

besoin d'argent. Je n'ai rien touché des deux mille livres de M. Dubourg. Je vous assure pourtant que je ne jette point mon argent par les fenêtres, comme vous l'avez toujours dit.

LETTRE DU MARQUIS DE VILLETTE A LA MÊME.

Du camp devant Belgrade, ce 16 août 1717.

Ma chère mère, je vous écris de ma main pour vous tirer d'inquiétude pour ma santé. J'ai été blessé à la bataille d'une balle dans l'épaule. J'espère que ce ne sera rien moyennant l'aide d'Alibourg. Je ne saurois écrire davantage. Coquille vous mandera le détail.

DE VILLETTE [1].

---

[1] On ne peut voir, sans émotion, l'original de cette lettre, où le jeune homme a déposé tout ce qui lui restait de force et de courage. Les caractères en sont inégaux, incorrects, mal assurés; on sent la douleur palpiter sous sa main. Il avait peine à tenir la plume, et il cherchait à donner à sa mère un espoir qui lui échappait à lui-même. La bataille de Belgrade eut lieu le 16 août 1717, date même de cette lettre.

LETTRE DU CHEVALIER DE CAYLUS [1] A LA MÊME.

Au camp devant Belgrade, le 16 août 1717,
à 6 heures du soir.

Monsieur votre fils, madame, m'a chargé de vous
envoyer cette lettre par laquelle il vous apprend la
blessure qu'il a reçue ce matin, qui, quoique grande,
ne vous doit pas inquiéter, d'Alibourg, dont je crois
que vous avez ouï parler, m'ayant assuré qu'elle
n'étoit pas dangereuse. J'aurai l'honneur de vous
informer très-exactement de l'état où il se trouvera,
et je compte, dans une vingtaine de jours, vous
mander sa parfaite guérison. J'ai l'honneur d'être
très-respectueusement, madame, etc.

Le chevalier DE CAYLUS.

Après une résistance opiniâtre, les Turcs furent battus, laissant 13,000 morts, 5,000 blessés et autant de prisonniers. Les
Allemands y perdirent plus de 3,000 hommes. D'après Saint-
Simon, le comte de Charolais et le prince de Dombes s'y dis-
tinguèrent, et Estrades eut une jambe emportée. Il mourut
peu après.

[1] Caylus (Ch. de Tubières de Grimoard de Pestel de Levi,
chevalier de), nommé capitaine de vaisseau en 1727, mourut
à la Martinique le 12 mai 1750. Il était fils de la comtesse
de Caylus.

LETTRE DE MADAME RABUTIN [1] A LA MÊME.

Vienne, ce 1er septembre 1717.

Madame,

Quoique je n'aie l'honneur de vous connoître que par vos mérites et l'esprit que vous marquez dans toutes les occasions, je ne puis m'empêcher de m'intéresser sensiblement à la perte que vous venez de faire, laquelle est irrémédiable, parce que la providence de Dieu l'a voulu disposer ainsi. Madame, c'est à cette heure le temps de profiter de vos qualités et de vous remettre à la volonté de Dieu. Vous avez perdu un fils, lequel est regretté de tout le monde. Je souhaite pour votre repos que vous laissiez à la raison le soin de vous con-

---

[1] Les Rabutin de Vienne descendent de ce Louis de Rabutin, cousin de madame de Sévigné, laquelle raconte dans sa lettre à Bussy, du 23 janvier 1671, l'aventure qui força son jeune parent à sortir de France. « C'étoit, dit Saint-Simon (tome V, page 15, édition Hachette), ce page, pour lequel madame la princesse fut enfermée à Châteauroux, d'où elle n'est jamais sortie. Accusé de galanterie avec sa maîtresse, il se sauva de vitesse, se mit dans le service de l'Empereur, s'y distingua, épousa une princesse fort riche (la duchesse de Holstein), et parvint avec réputation aux premiers honneurs militaires. »

soler d'une perte si sensible, et que vous me con-
serviez votre amitié pour la mémoire de votre cher
fils, qui étoit le premier sujet de notre connoissance,
et moi je serai toute la vie votre très-humble et
très-obéissante servante.

RABUTIN [1].

---

[1] Ce nom est précédé de quatre initiales très-confuses.

QUATRIEME SERIE

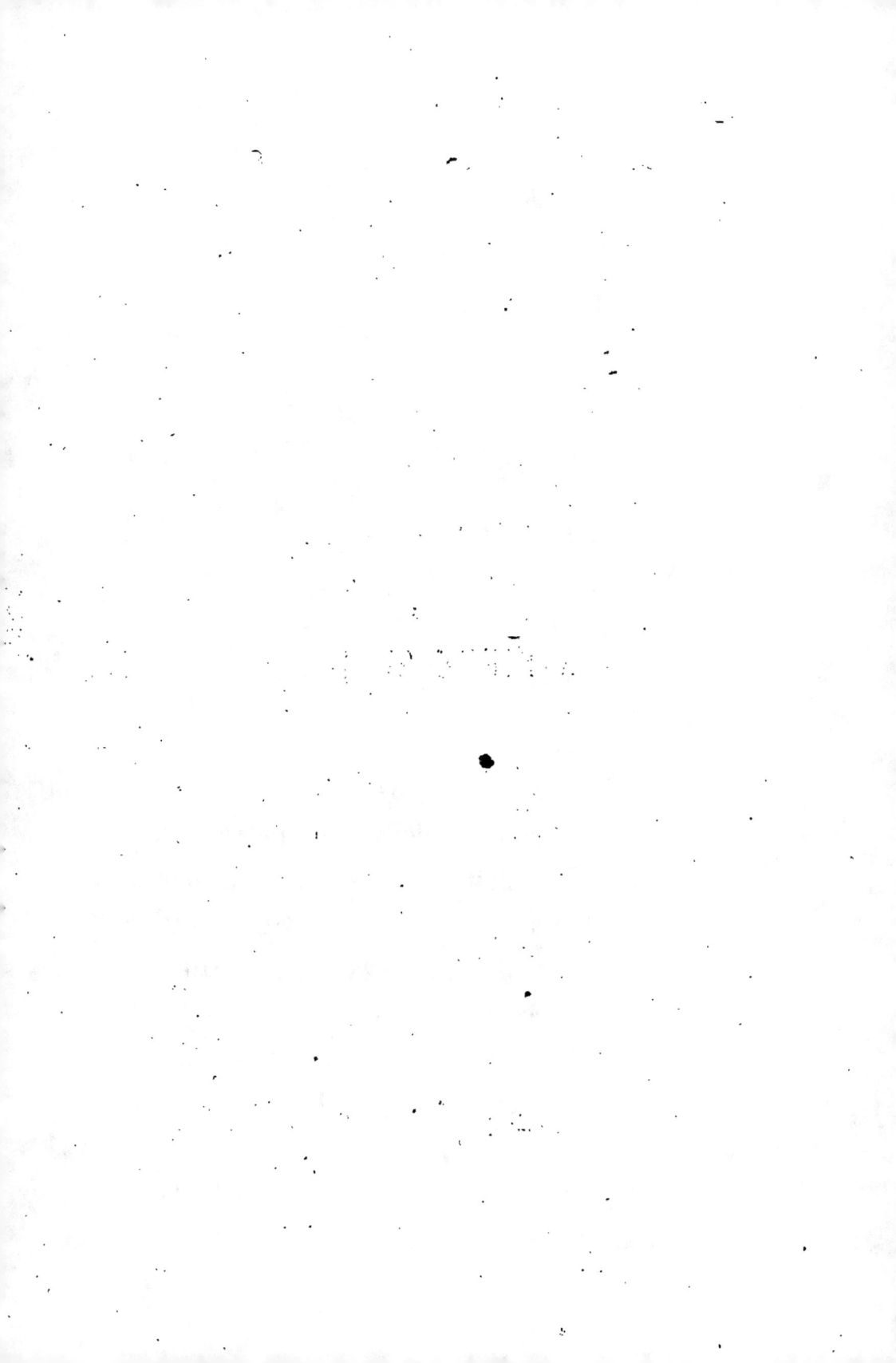

NOTICE

———

Écrite par le comte de Caylus, la correspondance
qui suit rentre essentiellement dans notre cadre.
Le comte de Caylus était fils de Marthe-Marguerite
de Villette de Mursay, comtesse de Caylus, — qu'on
pourrait appeler la *Marguerite des Marguerites* de
son temps, — la cousine et l'enfant gâtée de madame de Maintenon, enfin le charmant auteur des
Souvenirs, réédités, en 1860, par M. Charles Asselineau.

Nous restons donc fidèle à notre *titre* et à cette
famille privilégiée entre toutes, qui a réuni les

10

genres de mérite et d'illustration les plus éclatants
comme les plus opposés (vertus guerrières, génie
politique, talent littéraire, grâce, esprit, beauté);
famille que nous aurons ainsi montrée à nos lecteurs pendant une période de cent vingt ans, sous
des aspects divers, souvent nouveaux, et qui commence à Agrippa d'Aubigné, l'homme de guerre,
le poëte inspiré[1], pour finir au comte de Caylus,
l'intrépide mousquetaire de Malplaquet, et le plus
dévoué des représentants de l'art au dix-huitième
siècle.

M. de Caylus est trop connu pour que nous in-
sistions sur les qualités brillantes de son esprit et
de son cœur, non plus que sur les découvertes
dont il dota tour à tour l'archéologie, la peinture,
la gravure, la sculpture, etc.

De même, il serait superflu de rappeler ses
voyages explorateurs à Constantinople, aux ruines
d'Éphèse, à celles de Colophon et du temple de
Diane, à Andrinople, en Angleterre, etc., etc.,
excursions lointaines, semées d'incidents et d'épi-

---

[1] M. Ludovic Lalanne, dans son excellente *Notice* mise en
tête des *Tragiques*, exprime, avec raison, l'avis qu'Agrippa
d'Aubigné doit être placé au premier rang parmi les prédé-
cesseurs des grands écrivains du dix-septième siècle.

sodes dramatiques, où il fit de véritables conquêtes
au triple point de vue de la science, de l'art et des
lettres. On lui devrait probablement plus encore si,
comme il en avait conçu le projet, il eût poussé ses
investigations jusqu'en Égypte et en Chine; mais
l'amour filial parlait haut dans son cœur, et cet
amour l'emporta sur celui des découvertes. Sa
mère gémissait de son absence, des dangers qu'il
pouvait courir, et il revint à Paris pour dissiper ses
alarmes.

C'est alors qu'il mit en œuvre les riches et nombreux matériaux qu'il avait recueillis. Il s'occupa
principalement d'un grand ouvrage sur les *Antiqui-*
tés égyptiennes, grecques, étrusques, romaines et gau-
loises (7 vol. in-4). Il s'occupa aussi des embaume-
ments des momies égyptiennes; il éclaircit plusieurs
passages de Pline qui ont rapport aux arts; il fit
revivre les tableaux de Polygnote; reconstruisit,
pour ainsi dire, le théâtre de *Curion* et le magnifique tombeau de *Mausole*. Enfin, il inventa le moyen
d'incorporer les couleurs dans le marbre, sur le
papyrus, sur la lave des volcans, et déroba aux
anciens leur secret de peindre à l'encaustique, et
de rendre ainsi la peinture inaltérable. Ces différents sujets d'étude et une infinité d'autres furent

l'objet d'une quarantaine de *traités* et de *disser-tations* qu'il lut à l'Académie de peinture et à celle des inscriptions et belles-lettres, dont il fut reçu *amateur honoraire* en 1731 et 1742. Sa bienfaisance était aussi infatigable que son activité. Protecteur généreux des jeunes talents, il soulageait leur infortune et fondait à ses frais des prix pour les encourager. Il forma ainsi de nombreux élèves. Finalement, il avait projeté de faire graver les dessins des antiquités romaines existant dans le midi de la France et qui avaient été exécutés par Mignard, d'après les ordres de Colbert, quand la mort vint le surprendre, en 1765, à l'âge de soixante-treize ans.

Mais, nous le répétons, nous ne voulons point retracer ici avec détail cette vie si laborieuse, si honorablement remplie, et dont l'historique se trouve dans toutes les biographies. Cependant nous croyons devoir rappeler ce fait, généralement omis par les biographes et que nous avons indiqué lors de la publication des *OEuvres inédites de Piron*, savoir, que le comte de Caylus s'était fait le protecteur, l'ami tendre et dévoué de mademoiselle Quinault, la charmante soubrette de la Comédie-Française. Cette *divine Thalie*, comme l'appelait Voltaire, con-

viait à sa table, sous le nom de *Société du bout du
banc,* une réunion aimable et choisie, et M. de
Caylus était l'âme de ces soupers célèbres, où l'on
déposait sur la nappe, comme plat du milieu, une
écritoire dont les invités se servaient tour à tour
pour écrire un impromptu. D'après Lemazurier[1],
c'est à ces réunions brillantes qu'on doit les
Étrennes de la Saint-Jean, le *Recueil de ces messieurs,* et autres ouvrages pleins de sel et de gaieté,
qui parurent depuis dans les œuvres du comte de
Caylus.

Un autre côté de la physionomie du comte n'a
pas, non plus, suffisamment fixé l'attention des
biographes. Nous voulons parler de l'inégalité de
son humeur, de la bizarrerie de son costume, et de
son amour de la retraite, voisin parfois de la mi-
santhropie. A ce sujet, on n'a rien de mieux à faire
que de citer Grimm textuellement. Ce spirituel et
judicieux écrivain, qui n'avait d'allemand que l'o-
rigine et dont la critique toute française sera constamment citée comme un type d'élégance, de pro-
fondeur et de bon goût, fournit sur le comte de

---

[1] *Galerie historique du Théâtre-Français,* 2 vol. in-8,
1810.

Caylus des renseignements curieux, et qui répondent assez bien à l'idée qu'on s'en est faite, quand on l'a étudié avec soin. « Des bas de laine, dit-il, de bons gros souliers, un habit de drap brun avec des boutons de cuivre, un grand chapeau sur la tête : voilà son accoutrement. Un carrosse de remise faisait le plus fort article de sa dépense. Tout le reste était employé à faire du bien et à encourager les talents. Il avait l'air d'un rustre et les manières dures, quoiqu'il eût beaucoup de bonhomie dans le fond. On disait de lui qu'il était le protecteur des arts et le fléau des artistes, parce qu'en les encourageant, en les aidant de sa bourse, il exigeait d'eux une déférence aveugle pour ses conseils ; et après avoir commencé par le rôle de bienfaiteur, il finissait souvent par celui de tyran. Il avait une bonne et franche aversion pour les médecins et pour les prêtres, et il est mort sans tomber entre les mains ni des uns ni des autres [1]. »

Du reste, Grimm rend justice à l'influence heureuse que le comte de Caylus exerça sur les arts ; mais Marmontel et Diderot ne se montrèrent pas à

---

[1] *Correspondance littéraire de Grimm*, tome V, pages 9 et suivantes, année 1765. Paris, Lonchamps, 1813.

cet égard aussi équitables. Le premier lui décocha
des traits méchants dans ses *Mémoires* [1]; le second
salua sa mort par deux épigrammes, l'une en
prose, l'autre en vers. *La mort nous a délivrés du
plus cruel des amateurs*, écrivit-il dans son *Salon*
de 1765. Puis il fit ainsi son épitaphe :

> Ci-gît un antiquaire acariâtre et brusque.
> Ah! qu'il est bien logé dans cette cruche étrusque [1]!

L'abbé Conti, à qui sont adressées les dix lettres
que nous publions, était un noble Vénitien qui,
dans les sciences et les arts, eut aussi ses lettres de
noblesse. Né en 1677, il mourut en 1749. C'était

---

[1] Tome I, pages 513-514. Paris, Costes, 1819, 2 vol. in-8.

[2] Pour l'intelligence de cette dernière apostrophe, il faut savoir que, d'après le Beau (*Recueil d'antiquités*, tome VII, page
256), le comte avait été inhumé, suivant son désir, dans l'é-
glise Saint-Germain l'Auxerrois, sous un magnifique sarco-
phage en granit rouge, qui avait été acheté à Rome dans la famille Veropsi, vers 1750, par Bouret, et dont le comte de
Caylus fit subsidiairement l'acquisition. Ce monument a été
décrit par Clarac, et se trouve déposé aujourd'hui au *Musée
des antiques* du Louvre. Voyez Clarac, *Description des antiquités du Louvre*, Paris, 1847, tome I, page 59. Voyez aussi
l'intéressante étude que M. le comte *Clément de Ris* a publiée
sur le comte de Caylus dans le *Moniteur* (octobre 1859) sous
le titre de : *Les Amateurs d'autrefois*, étude à laquelle nous
avons emprunté la substance de la présente note.

un savant, un poëte, un philosophe. Il voyagea en
France, en Angleterre, en Allemagne, et partout il
se fit estimer par ses lumières, par la vivacité de son
esprit et l'élévation de son caractère. A Londres, il
se lia étroitement avec Newton, qui, bien que le
plus mystérieux des hommes, lui communiqua ses
manuscrits, ses plus belles expériences, et le fit
recevoir de la *Société royale*. A Paris, il fut présenté aux savants qui florissaient alors, et admis
dans les meilleures sociétés; mais il fréquenta particulièrement les maisons de la Rochefoucauld et
de la comtesse de Caylus. On s'explique dès lors
l'intimité qui s'établit entre le fils de cette dernière
et l'abbé Conti, de même que le ton affectueux du
commerce de lettres qui en fut la suite. L'abbé
Conti prit une part très-active dans la querelle qui
s'éleva entre Newton et Leibnitz, au sujet du calcul
différentiel; et il conserva entre ces illustres rivaux
une impartialité qui ne satisfit ni l'un ni l'autre.
Ses ouvrages (prose et vers) ont été publiés à Venise, en 1739, 2 vol. in-4, et ses *OEuvres posthumes*
en 1756, in-4. D'après Ginguené, l'abbé Conti a eu
la gloire d'être un des auteurs italiens qui ont le
plus contribué à donner à la littérature de leur pays
le caractère philosophique qu'elle a revêtu pendant

le dix-huitième siècle; mais il lui reproche d'avoir été, à l'égard du style, un des corrupteurs qui ont altéré la pureté de cette langue en y mêlant des éléments étrangers [1].

Maintenant, nous noterons, en passant, que MM. de Goncourt ont eu en leur possession la correspondance qui nous occupe [2]; mais ils n'ont pas

---

[1] Le comte de Caylus entretint aussi une correspondance scientifique avec un autre Italien, le P. Paciaudi, théatin, bibliothécaire et antiquaire du duc de Parme. Les lettres de Paciaudi au comte de Caylus ont été publiées en 1802 par Serieys (Paris, Tardieu, 1 vol. in-8). Nous avons feuilleté cette correspondance, qui, composée de soixante-quinze lettres, embrasse une période de sept ans (1758-1765); et il est curieux de mettre en opposition le cas que Paciaudi faisait du mérite du comte, avec le portrait sévère qu'il a crayonné de quelques hommes célèbres français. Selon lui, Condorcet, qui venait de lui faire une visite, était *une pièce assez curieuse*; le marquis *Brandebourg* d'Alembert, *l'orgueil personnifié*, et Voltaire un *être ridicule, qui voulait se mêler de tout sans rien savoir*, etc. Du reste, cette correspondance fait le plus grand éloge de l'érudition de son auteur, comme de celle du comte, à qui elle est exclusivement adressée.

[2] Effectivement, ces messieurs ont annoncé dans une note de leurs *Portraits intimes du dix-huitième siècle*, page 13, qu'ils étaient possesseurs de ces lettres, qui nous sont dévolues à notre tour pour les avoir achetées dans une vente publique. Elles sont autographes, et revêtues, au dernier verso, de quelques lignes en italien, écrites par l'abbé Conti lui-même, en forme de résumé.

jugé à propos de la publier. Ils se sont bornés à reproduire, dans le cours d'un travail qu'ils ont fait
sur le comte de Caylus, la lettre II, moins le dernier paragraphe, et à emprunter quelques citations
de détail à six autres lettres.

Là s'arrête l'usage que ces messieurs ont fait de
ces documents, et, en vérité, nous ne saurions trop
les remercier de cette discrétion; mais nous sommes
obligé de mêler une légère critique à nos remerciments, attendu que, dans un des commentaires qui
accompagnent leurs citations, ces messieurs ont
commis un anachronisme qui a dû faire tressaillir
de fureur le vieux maréchal de Villeroy sous la
pierre de son tombeau.

Voici le fait. Dans sa lettre du 27 novembre
1745, le comte de Caylus s'exprime ainsi[1] :

« Je ne suis point surpris du souvenir que vous
conserve M. de Liancour, ni de l'oubli du duc de
Villeroy; ces choses sont conséquentes à leur caractère; moi-même je ne vois plus du tout ce dernier.
A quoi pourrais-je lui être utile? un ami tout court
est rarement recherché; cependant M. de Maurepas
ne pense pas comme lui : il joint le cœur à l'esprit,

---

[1] Voyez cette lettre plus loin, page 210.

et, malgré mon inutilité, il m'aime comme je l'aime. » Et MM. de Goncourt d'imputer au maréchal de Villeroy, *au vieil ami de la maison*[1], cette *fuyarderie*, comme dirait mademoiselle Quinault, et de déclarer net qu'il *s'éloigna tout à fait* du comte de Caylus.

Ces messieurs ont fait confusion. Ils ont perdu de vue qu'il ne s'agit pas ici du *maréchal* de Villeroy, *qui était mort depuis quinze ans*, mais de son fils, le *duc de Villeroy*, lieutenant général et capitaine des gardes, dont Saint-Simon parle dans vingt endroits de ses *Mémoires*.

D'un autre côté, chose singulière, ils ont reproduit la date de la lettre en question sans en reproduire le *millésime*, alors qu'ils ont exactement établi cette indication aux autres lettres citées par eux.

Enfin, MM. de Goncourt ont fait subir une *variante* au texte. Ils ont fait dire au comte de Caylus : « Je ne suis pas surpris du souvenir *que vous conservez* à M. de Liancour, ni de l'oubli du duc de Villeroy. » Au lieu de : « Je ne suis point surpris du souvenir *que vous conserve* M. de Liancour, ni de

---

[1] On sait que le maréchal de Villeroy avait été longtemps l'*ami* de la comtesse de Caylus, dans la plus *tendre* acception du mot.

l'oubli du duc de Villeroy. » La version de ces messieurs a pour résultat de détruire l'antithèse que présente ce passage, c'est-à-dire l'opposition qui ressort entre la conduite de M. de Liancour et celle du duc de Villeroy, et de donner au premier un rôle purement *passif* là où il est véritablement en *action*.

Après tout, peut-être ces messieurs ont-ils voulu faire de la *fantaisie.*

Car il paraît que nous avons aujourd'hui en littérature, et même en histoire, le *fantaisiste*, le *réaliste*, le *styliste*, le *portraitiste* et le *coloriste.*

Que Dieu nous assiste !

LETTRE DU COMTE DE CAYLUS A L'ABBÉ CONTI.

A Lille, ce 13 novembre 1722.

J'aurois dû, par cent et cent mille raisons, mon cher abbé, vous écrire beaucoup plus tôt ; cependant, je n'en ai rien fait, mais la paresse n'est pas un crime auprès de vous ; vous savez qu'elle ne décide de rien sur les sentiments du cœur. J'ai des compliments à vous faire de MM. Basnage et Leclerc[1] ; l'un et l'autre ont été sensibles à votre sou-

---

[1] Basnage de Beauval (Jacques), célèbre ministre protestant. Né à Rouen en 1651, mort en 1723, en Hollande, où il s'était réfugié, ainsi que son frère, lors de la révocation de l'édit de Nantes. Le comte de Caylus venait de faire un voyage en Hollande quand il a écrit cette lettre, et l'abbé Conti était encore à Paris, où elle lui est adressée. — Quant à Leclerc (Isaac), c'était un habile graveur sur acier et sur pierres fines. Il mourut en 1746.

venir. Ce sont d'aimables gens, et leur conversation m'a fait d'autant plus de plaisir que je n'ai presque pu causer avec personne depuis mon départ. Tout ce que j'ai trouvé en Hollande est si brut et si lourd, que je soupire après l'Angleterre, dans l'espérance d'y trouver les plaisirs de l'imagination dont je suis privé depuis si longtemps. Je crains cependant que la vivacité angloise ne me fasse, en arrivant, l'effet de la lumière après les ténèbres, c'est-à-dire qu'elle ne m'éblouisse. Quoi qu'il en soit, je vous écrirai de Londres, mais ma lettre sera très-courte. On se sent toujours du climat que l'on habite : ainsi je crains la pesanteur. J'ai eu encore le plaisir de causer avec Rousseau [1]. Dans peu, vous aurez celui de lire un second tome qu'il va donner au public. J'aurai à vous entretenir du singulier voyage de Voltaire en Hollande [2]; son poëme va paroître; je n'ai pu vous faire parvenir le *Jeu de la constitution* qu'ils ont fait en Hollande, mais envoyé de Paris, dessiné et accommodé comme le *Jeu de l'oie*. Il m'a assez amusé; je ne doute pas même que vous ne l'ayez vu à présent.

---

[1] Il s'agit ici de J. B. Rousseau, qui était alors réfugié à Bruxelles.

[2] Allusion au voyage que Voltaire fit à Bruxelles, en 1722,

M. Leuwenhoeck [1], qui a poussé les recherches
du microscope si loin, a perdu la vue et ne travaille
plus. La seule chose que j'aie vue qui mérite votre
attention, c'est un homme, à Amsterdam, qui a
poussé l'anatomie si loin, qu'il a, non-seulement
disséqué, mais encore injecté des fruits et surtout
des poires dont la queue est, comme vous le pouvez
imaginer, le principe de toutes les veines. Je ne
crois pas que l'art puisse aller plus loin. Voilà
tout ce que j'ai vu de curieux, car je vous fais grâce
du mécanique de mon voyage. On a enterré ces
jours-ci, à Malines, une fille qui pesait plus près
de neuf que de huit cents livres. J'ai balancé si ce
phénomène était assez singulier pour vous être
mandé; à tout hasard, je vous en fais part.

Comment vont vos ouvrages? si vous m'en faites
part et de vos nouvelles, de grâce ménagez-moi

---

avec madame de Rupelmonde. On connaît les adieux de Voltaire
à la Hollande : *Adieu, canaux, canards, canailles.*

[1] Leuwenhoeck (Antoine), célèbre physicien, né à Delft en
1632, mort en 1723. Ses découvertes lui ont fait un nom distingué; plusieurs sont utiles et réelles; les autres sont parfaitement chimériques. Son système des *vers spermatiques,*
dont il faisait le principe de la génération, n'a eu d'autre
vogue que celle de la nouveauté. En voulant détruire l'*ovisme,*
il lui substitua une hypothèse beaucoup plus défectueuse.

pour l'écriture ; autrement ce serait lettre nulle [1].

Je serai fort aise de voir milady Meri à Londres ; mais, comme je voudrois faire ma visite avec agrément, demandez une lettre pour elle à Rémond [2]. J'ai oublié, en partant, de le prier de me faire ce plaisir. Adieu, monsieur l'abbé. Vous savez ce que je vous suis. Je souhaite que la fertilité de vos idées soit toujours proportionnée à votre insomnie. Ce sera avec grand plaisir que je recommencerai nos diners et notre occupation ordinaire.

CAYLUS.

AUTRE LETTRE DU COMTE DE CAYLUS AU MÊME.

A Paris, ce 17 juin 1729.

Connoissant vos sentiments comme je les connois, mon cher abbé, je n'ai point été étonné de

---

[1] L'écriture de l'abbé Conti était d'habitude mal formée, et la recommandation du comte de Caylus doit se traduire ainsi : « Soignez votre écriture, sinon je ne pourrai pas vous lire. »

[2] Nous ne savons si le comte de Caylus désigne ici Rémond de Saint-Marc ou Rémond de Saint-Albine, littérateurs tous les deux. Le dernier fut censeur royal et membre de l'Académie

la lettre touchée et touchante que vous m'avez
écrite sur le plus grand malheur de ma vie [1]. J'ai
éprouvé, en la lisant, une douleur aussi déraison-
nable (en un sens) que celle du premier moment :
et je vous assure que, dans celui où je vous écris, je
suis pénétré et accablé de mon malheur. Plus je
vais, et plus je sens la perte que j'ai faite. Le détail
journalier de cette privation est un état affreux, et
je me livre au triste plaisir de m'affliger avec vous.
Je ne sais plus vivre. Cependant vous me connoissez
assez de ressources dans l'esprit. Je me trouve
isolé; mon pays me dégoûte; les affaires qui sont
toujours la suite de ces malheurs me feront, je
crois, abandonner ma patrie; la philosophie ne
m'est d'aucun secours, et je n'éprouve que le mécanique de l'homme le moins éclairé. A tout ce
que le commerce le plus aimable peut avoir de
séduisant, à toute la volupté et la paresse qu'il er.-
traînoit à sa suite, succède une solitude affreuse.
Paris est un désert pour moi et je ne sais quel
genre de vie mener; je commence, à présent, à
m'apercevoir du personnel; il est affreux, mon

des sciences et belles-lettres de Berlin. Ils moururent, l'un en
1757, l'autre en 1778.

[1] Cette lettre est relative à la mort de la comtesse de Caylus,

cher abbé. Donnez-moi de vos nouvelles, je vous conjure; affligez-vous avec moi; mes lettres, par la suite, seront peut-être moins tristes; pardonnez-moi encore celle-ci, et conservez-moi une amitié que je mérite par le cas que j'en fais.

Le pauvre chevalier [1] est encore à la mer; il ne sera ici que dans un mois ou environ. Il ignoroit son malheur la dernière fois qu'il m'a écrit.

CAYLUS.

AUTRE LETTRE DU COMTE DE CAYLUS AU MÊME.

Paris, ce 5 janvier 1730.

Il y a déjà quelque temps, mon cher abbé, que je suis revenu du triste voyage que j'ai été obligé de faire dans mes terres. Une multiplicité d'affaires qui me sont successivement arrivées m'ont empêché de renouer un commerce avec vous, que je

arrivée le 15 avril 1729. Les sentiments qui s'y trouvent exprimés honorent à la fois la mère et le fils.

[1] Il s'agit ici de son frère, le chevalier de Caylus, nommé capitaine de vaisseau en 1727, et qui mourut à la Martinique le 12 mai 1750.

désire par vous-même et par le respect que je conserve et que je conserverai toute ma vie pour quelqu'un dont rien dans le monde ne me pourra consoler [1]. C'est un soulagement que de s'affliger avec
ses amis; c'est ce qui m'a fait écrire une aussi
triste phrase dont nous n'avions besoin ni vous ni
moi.

Je vous écrirai avec attention, mais à bâtons
rompus, suivant la liberté de notre amitié.

L'abbé de Théruz est mort il y a huit jours. S'il
vous en souvient, il étoit infiniment triste, et j'ai
prouvé qu'une apoplexie, qu'il avait eue il y a
quatre mois, avoit égayé son commerce.

Madame de Bolingbrocke [2] est ici depuis deux
mois; je trouve que, malgré l'état déplorable dans
lequel elle est arrivée, son séjour l'a rétablie un
peu.

J'ai obtenu du cardinal [3] deux mille francs de
pension pour le chevalier [4]. Il faut regarder cet
événement comme une grâce dans une cour économe. Le chevalier fait à merveille dans son mé-

---

[1] Allusion à la mort de sa mère.
[2] La marquise de Villette.
[3] Le cardinal de Fleury, alors ministre.
[4] Le chevalier de Caylus, son frère.

tier ; il a une ouverture d'esprit naturelle pour y
devenir habile ; l'on convient, sans vouloir me flatter, qu'il y a en lui de quoi faire un grand homme
de mer. Un homme d'esprit de la marine a dit de
lui qu'il étoit né marin comme un autre naissoit
poëte. Nous avons arrangé toutes nos affaires
comme deux bons amis ; il est reparti depuis deux
jours pour Toulon. Il sera de l'armement que l'on
y prépare pour don Carlos ou pour un autre motif.
Les rhumes ont été universels : maîtres et valets en
ont été également incommodés ; et ce qui m'a paru
singulier, c'est que, malgré les différences des
tempéraments, ils ont été tous en général du même
caractère : ce qui prouve clairement qu'un vent
ou qu'une exhalaison en a été le principe.

Je n'ai eu nulle part au feu qui s'est fait à Versailles [1], et ce n'est point à cause de cela que je vais
vous en dire les défauts. Premièrement, l'artifice
n'étoit nullement lié avec la décoration, qui n'étoit
autre chose qu'un tableau illuminé et éclairé, sans

[1] Allusion aux fêtes brillantes qui, le 7 septembre 1729,
avaient signalé la naissance du Dauphin, tant à Paris qu'à
Versailles. Le comte de Caylus était fort entendu en ce qui
concerne l'ordonnance de ces réjouissances publiques ; il y
était surtout habile au point de vue de la pyrotechnie et de
l'optique.

aucun transparent, mais laissant la dégradation des plans. Je doute que le *Mercure* ou la description que l'on en écrira puisse satisfaire les lecteurs d'un certain goût.

La fête du cardinal de Polignac, à Rome, m'a fait grand plaisir; l'idée en étoit belle, grande et agréable, et mon imagination s'est représenté avec plaisir la place Navonne décorée et éclairée comme elle l'a été ce jour-là. Les ambassadeurs d'Espagne ont retardé jusqu'à présent la magnifique fête qu'ils ont résolu de donner au sujet du bonheur de la France; elle se donnera le 21 de ce mois, sans faute, et j'aurai le soin de vous envoyer les dessins et tout ce qui la concernera. J'ai été consulté par celui qui est chargé du feu sur l'eau, et contraint, comme on l'a été par l'idée de ces messieurs, qui ont absolument voulu un arc-en-ciel pour faire allusion au congrès, et deux montagnes qui rappelassent le souvenir des Pyrénées : il a fallu partir de ce principe, et vous verrez quel parti l'on en a tiré, si tant est que, dans cette saison, le feu puisse s'exécuter : car il y a un mois qu'il vint un si furieux coup de vent, que toutes les charpentes qui étoient élevées furent abattues comme un château de cartes eût pu l'être.

M. Zanetti [1] se moque, en vérité, de vous avoir
parlé avec autant d'éloges de mes pauvres amusements. J'avoue que cette occupation me remplit
agréablement et que je goûte après avoir dessiné
et plus de volupté avec ma maîtresse ou mes amis,
et plus de calme dans l'esprit. Je suis toujours surpris (et je vous parle dans la plus grande sincérité)
comment il se peut faire que les amusements d'un
homme frivole puissent être regardés par des gens
attachés aux arts. Je ne puis vous envoyer les petites estampes des pierres gravées du Cabinet du
roi. Je conviens qu'elles sont toutes faites, mais
j'ai trouvé en les examinant (même sans aucune
sévérité) qu'il y en avoit environ deux cents, ou
qui ne rendoient pas le caractère de la pierre, ou
qui n'avoient pas assez de ressemblance avec l'original ; bref, je suis résolu à les recommencer ainsi
jusques à ce qu'elles soient refaites. Vous ne pourrez avoir la suite complète ; mais, pour répondre à
votre politesse, j'ai prié M. Mariette [2] d'en envoyer

[1] Zanetti (Le comte Ant. M.), célèbre antiquaire et graveur.
Il a perfectionné la gravure sur bois, et publié plusieurs ouvrages, Venise, 1689-1766.

[2] Mariette (P.-J.), graveur, archéologue, membre de l'Académie de peinture, 1694-1774, a publié plusieurs ouvrages,

quelques-unes de celles qui demeureront à M. Zanetti, et de les envoyer doubles, parce qu'il y en aura la moitié pour vous. Je joindrai aussi à ce petit envoi une planche que j'ai faite hier des deux portraits de Virgile et d'Homère, que le hasard m'a fait trouver et rassembler à Paris. En regard d'Homère, est une bague bien authentique et que j'ai fait avoir l'année passée à notre bon ami M. le marquis Rangoni, et l'autre est un cachet qui m'appartient. Je me flatte que vous approuverez la façon dont les deux têtes sont disposées, et que vous ne serez pas fâché d'avoir ensemble les deux princes des poëtes attachés avec une épingle à la tapisserie de votre cabinet.

Vous connoissez mon aversion pour le génie et le talent de notre vilain *La Motte*[1] (ce n'est pas à propos

---

entre autres un *Traité des pierres antiques gravées du Cabinet du roi.*

[1] Allusion à l'opinion exprimée et mise en pratique par Lamotte-Houdard : *Que tous les genres d'écrire traités jusqu'alors en vers, même la tragédie, pouvaient l'être heureusement en prose.* Il comparait les plus grands versificateurs *à des charlatans qui font passer des grains de millet par le trou d'une aiguille, sans avoir d'autre mérite que celui de la difficulté vaincue.* Une violente querelle s'éleva entre lui et madame Dacier, au sujet de *l'Iliade* traduite par Lamotte. La docte helléniste n'eut pas les rieurs de son côté.

de poëte au moins que je vous en parle); mais
l'éloignement que ses vilaines idées m'ont inspiré
pour lui redouble encore, si faire se peut, par l'in-
solence des discours qui accompagnent le recueil
de ses pièces de théâtre, qui paroît depuis deux
jours. Pour vous en rendre compte, je vous pro-
mets de lire toutes les erreurs de son esprit et tout
ce que sa sotte vanité a pu lui inspirer : je ne puis
vous faire un plus grand sacrifice. A la simple ouverture du livre, j'ai vu une ode adressée au cardinal de Fleury, et je suis tombé sur un endroit
où il dit que M. Racine n'avoit que du sentiment
et qu'il ne pensoit point. Pour le prouver, il a mis
en prose le tout ou partie de son *Mithridate*. Vous
me voyez encore très-peu au fait, mais beaucoup
plus indigné que je ne vous le puis dire. Vous en
saurez davantage un autre jour.

Nous avons perdu le pauvre M. Marald, l'évêque
de Soissons. Le frère du digne ambassadeur que
nous avons auprès de votre république a fait un
livre misérable sur une sainte nommée Marie Alacoque, plus misérable que je ne vous le puis dire [1].

---

[1] Languet (J. Joseph), membre de l'Académie française, archevêque de Sens, est l'auteur de cet ouvrage ridicule, où l'on
trouve d'incédentes puérilités. Jésus-Christ y fait des vers

Son ridicule est si grand que tout le monde le veut avoir; je ne comprends pas comment, dans un siècle éclairé comme le nôtre, l'on écrit des choses aussi misérables sur le cœur de Jésus auquel cette béate étoit dévote. Vous aurez, au premier jour, des nouvelles de notre bibliothèque. Le vaisseau s'achève; bientôt on pourra y réunir les curieux.

L'abbé Sallier [1] fait merveille et l'abbé Sevin [2] m'a mandé des détails de son voyage, qui me font grand plaisir. Adieu, mon cher abbé; en voilà assez pour aujourd'hui. Je finis, en vous embrassant de tout mon cœur, par vous demander de vos nouvelles et par vous promettre des miennes, si elles vous amusent.

pour Marie Alacoque. Ce pieux roman fut publié après la mort de l'abbé Tournely; et comme ce dernier passait pour avoir été le *teinturier* des écrits de Languet, lors de la fameuse querelle suscitée par la constitution *Unigenitus*, les mauvais plaisants dirent que Tournely avait emporté, en mourant, l'esprit de l'évêque Languet, et ne lui avait laissé que *la coque*.

[1] Sallier (Cl.), philologue, hébraïsant, érudit, de l'Académie française, 1685-1761, auteur d'une *Histoire de saint Louis*, etc.

[2] Sevin (F.), né à Sens, mort en 1741. De l'Académie des Belles-Lettres. En 1728, il entreprit, avec l'abbé Fourmont, par ordre de Louis XV, un voyage à Constantinople pour y rechercher des manuscrits. Il en rapporta un grand nombre, et publia un *volume de lettres* sur ce voyage.

M. le duc de Villeroy a été incommodé; il se
porte mieux, mais le pauvre homme est bien triste;
il en a bien raison. Mon bon ami, le duc de Retz [1],
vous fait, ainsi que M. son père et le chevalier de
Papus, mille compliments. Je vous prie de faire
les miens à M. Zanetti et à mademoiselle Rosalba [2].

CAYLUS.

ACTRE LETTRE DU COMTE DE CAYLUS AU MÊME.

À Paris, le 19 janvier 1730.

Voilà, mon cher abbé, deux lettres que l'on a
apportées chez moi, pour vous être remises; je les
crois, ou du moins une, du P. Desmolets [3]. Il
n'est pas le seul qui se plaigne de votre silence:
le P. Souciet [4] en fait de longs gémissements.

[1] Retz (Le duc de), petit-fils du maréchal de Villeroy.
[2] Rosalba-Carriera (Madame), peintre au pastel. Venise,
1675-1730. On voit 157 portraits peints par elle dans la *Galerie de Dresde.*
[3] Desmolets (P. N.), bibliothécaire de la maison de l'Oratoire,
s'attacha particulièrement à l'histoire littéraire et s'y fit un
nom. Mort en 1760, âgé de quatre-vingt-trois ans. A publié
quelques ouvrages.
[4] Souciet (Étienne), jésuite, bibliothécaire du collège Louis·

Je viens de chez le pauvre maréchal de Villeroy [1];
il a reçu les sacrements ce matin; il est cependant
un peu mieux ce soir; ce n'est pas son grand âge
seul qui le tue : croiriez-vous bien que le chagrin
de ne se mêler de rien lui a nourri dans le cœur
un ver qui le fait périr! C'est un beau sujet de
morale et qui nous doit bien engager à nous occuper de tout ce qui peut nourrir et amuser l'esprit.
La vieillesse de ceux qui vivent ainsi est une belle
ruine dont la solidité plaît aux passants, et ne leur
inspire que du grand.

Je ne vous enverrai point encore, cet ordinaire,
le détail que je vous ai promis de la fête des ambassadeurs d'Espagne, parce qu'elle est encore re-

le-Grand. Mort en 1744, âgé de soixante-treize ans. On a de
lui plusieurs ouvrages.

[1] Villeroy (F. de Neuville, duc de), maréchal de France,
gouverneur du roi, chef du comité des finances, 1643-1730.
Élevé avec Louis XIV, il dut à l'amitié de ce prince un avancement rapide; mais sa carrière militaire ne fut qu'une suite
de fautes et de revers, de même que sa fatuité et ses hauteurs, sous la régence, ne lui attirèrent que des haines. Saint-
Simon raconte avec détail sa disgrâce, préparée de longue
main par le cardinal Dubois, et consommée en 1722 par les
ordres du régent. Voyez *Mémoires de Saint-Simon*, tome XII,
pages 385 et suivantes, édition Hachette. Le maréchal de Villeroy
avait vécu dans la plus *étroite amitié* avec la comtesse de
Caylus. Il mourut le 18 juillet 1730.

mise jusqu'au 27 ou 28. Je ne doute point même, qu'avant ce temps, le feu et les illuminations ne soient emportés ou par les glaces, ou détruits par les pluies. Tout ce que je puis vous en dire, c'est que les apprêts n'inspirent que le grand et que l'agréable; l'on prétend qu'elle coûtera cinq cent mille francs au moins. J'ai peine à le croire. Quoi qu'il en soit, il y a de belles choses, et dignes de la vanité espagnole, seul sentiment qui reste presque à cette nation, de tant d'autres qui l'ont rendue supérieure en Europe.

Je compte, la première fois que je vous écrirai, pouvoir dater ma lettre d'un logement que je suis assez heureux pour avoir trouvé à louer. Il est situé à l'Orangerie des Tuileries. Indépendamment d'un petit jardin particulier, j'ai pour avenue, d'un côté, le magnifique jardin de ce palais, et, de l'autre, je me trouve dans la ville; j'ai un petit logement boisé qui ne peut être qu'agréable. Avec cette superbe vue, le petit corps de logis n'a qu'une porte carrée, et de quoi loger trois valets; encore me reste-t-il une cellule à pouvoir donner à mon frère, ou à un ami. Je voudrois, mon cher abbé, qu'elle pût vous tenter. J'aurois non-seulement besoin des ressources de votre esprit, soit pour le solide, soit pour l'agréable, mais je mettrois encore à profit les sentiments de votre cœur pour me plaindre avec vous du malheur dont je suis accablé.

Pour aujourd'hui, ma lettre ne sera pas plus longue; j'attends des vôtres avec impatience, et j'espère que mon exactitude vous satisfera. Je vous embrasse, mon cher abbé, comme je vous aime.

Voltaire a retiré la pièce de *Brutus* [1] qu'il avoit donnée aux comédiens. On dit qu'il la veut retoucher; je ne puis vous en mander de détails. Vous savez que je fuis tout commerce avec les poëtes. Tout ce que je sais, c'est que le Brutus qu'il a traité est l'ancien. On va nous donner une autre tragédie; elle a pour titre *Callisthène* [2]. Je n'en

---

[1] Cette tragédie tomba à la première représentation, par suite de la médiocrité de l'actrice chargée du rôle de *Tullie*. C'était pourtant une grande artiste que mademoiselle Dangeville; mais, si elle excellait dans la comédie, elle ne réussissait pas dans le genre tragique. Un abbé, qui s'était placé sur le devant d'une loge, quoiqu'il y eût des dames derrière lui, fut apostrophé par le parterre, qui cria à plusieurs reprises : *Place aux dames, à bas la calotte!* L'abbé, impatienté par ces clameurs, prit sa calotte et dit, en la jetant : *Tiens, la voilà, parterre; tu la mérites bien, la calotte!* Le mot fut applaudi.

[2] *Callisthène*, tragédie de Piron, représentée le 18 février 1730, avec un succès contesté. Maupertuis disait plaisamment de cette pièce, que ce n'était pas la représentation *d'un événe-*

augure pas beaucoup, parce que je ne crois pas qu'avec l'impression de grandeur qu'Alexandre a produite dans toutes les têtes de ce présent monde, je ne croirai jamais, dis-je, que l'on puisse opérer autre chose que de la révolte, quand on représente ses défauts ou que l'on met quelque chose au-dessus de ce héros, fût-ce la vertu elle-même. Nous en jugerons, et vous aussi, ainsi que de tout ce que je croirai qui pourra vous amuser.

Le pauvre M. de Rangoni est plus sérieusement incommodé qu'il ne croit l'être. Je serois fâché qu'il lui arrivât malheur. C'est un bon et galant gentilhomme, comme disoient nos pères.

CAYLUS.

AUTRE LETTRE DU COMTE DE CAYLUS AU MÊME [1].

La révolution de Turquie va sûrement changer les mouvements politiques de l'Europe, et surtout

ment en vingt-quatre heures, mais de vingt quatre événements en une heure.

[1] 1730.

ceux de l'Empereur [1]. Vous vous en consolerez aisément, pourvu que cela ne vous regarde point.

J'ai passé plusieurs fois chez votre ambassadeur pour lui offrir, à votre considération, ce qui pouvoit dépendre de moi; mais toujours inutilement. Vous connoissez Paris : ainsi vous concevrez sans peine que nous n'ayons pu nous joindre. J'en suis fâché, car, indépendamment des préventions favorables que vous m'avez données de lui, il est fort estimé dans le pays.

Vous me manderez, je vous prie, des nouvelles de votre carnaval et surtout des décorations de vos opéras; s'il y a quelques jolis airs qui puissent être chantés par mademoiselle Dargenon, je vous les demande.

M. le duc de Villeroy .et Rémond ont dû vous écrire; j'ai remis votre lettre à ce dernier. Nous avons ici beaucoup de *calottes* nouvelles; il y en a même de fort jolies, mais comment pouvoir vous les envoyer [2]?

---

[1] Le grand seigneur Achmet III venait d'être déposé à la suite d'une révolte, et Sultan Mahmoud, son neveu, élevé sur le trône à sa place, 2 octobre 1730.

[2] Il est question ici du régiment imaginaire de la *Calotte*, c'est-à-dire de la *Folie*, dont Aimon, porte-manteau de Louis

Il y a un bénédictin, nommé Martin [1], qui a fait un livre qui a pour titre : *Explications de plusieurs passages de l'Ancien Testament qui n'ont jamais été bien entendus par les commentateurs.* Ce livre est savant; mais Plaute, Euripide et les auteurs profanes servent tous d'autorité au Livre saint. Il y a même plusieurs passages dont les libertins et les paillards peuvent faire leur profit. Le livre a donc été défendu; je voudrois pouvoir vous l'envoyer.

Adieu, mon cher abbé, je vous souhaite une bonne santé et du plaisir, tout le reste est fadaise. Écrivez-moi, et soyez assuré des réponses.

CAYLUS.

XIV, et Torsac, exempt des gardes du corps, furent les fondateurs, et qui dura depuis les dernières années de ce prince jusque sous le ministère du cardinal de Fleury. *Donner la calotte* ou un *brevet de calotte*, c'est-à-dire déclarer un homme extravagant, l'enrôler dans le régiment de la *Folie*.

[1] Martin (Dom Jacques), bénédictin de Saint-Maur, 1694-1751. C'était un des plus savants et des meilleurs écrivains de sa congrégation; mais bouillant, singulier, quelquefois indécent et présomptueux. A publié plusieurs ouvrages.

AUTRE LETTRE DU COMTE DE CAYLUS AU MÊME.

A Paris, ce 1er décembre 1730.

J'ai reçu votre lettre, mon cher abbé, avec grand plaisir. Je vais y répondre, et me laisser aller à tout ce qui se présentera à mon esprit, soit de frivole, soit de littéraire, soit enfin de personnel.

Ne craignez point de renouveler mes douleurs, en me parlant de ma pauvre mère. La perte que j'ai faite est plus présente à mon esprit qu'elle ne le fut jamais. J'éprouve chaque jour cette cruelle séparation, non-seulement par les sentiments, mais encore par le mécanique de la vie; et je conçois les regrets de Cicéron pour sa Tullie, sans le soupçonner de l'inceste dont quelques antiquaires l'ont accusé. J'ai eu, pendant près d'un an, la triste consolation de madame de Bolingbrocke [1]; mais enfin, c'en étoit une pour moi; sa société pleine d'amitié, mille traits de conversation et des faits arrivés dans le même temps que ceux que nous lui avons entendu raconter avec tant de plaisir; ajoutez-y qu'elle étoit la seule personne du monde avec laquelle et

[1] La marquise de Villette.

chez laquelle je pouvois vivre avec une pleine liberté; tout cela, dis-je, qui m'avoit un peu consolé, ou plutôt médiocrement distrait, est parti
avec celte pauvre femme, qui, depuis un mois, est
retournée en Angleterre. Je suis donc tout seul
dans ma solitude, et je me livre à des études bien
peu réglées, parce que je sais très-peu et que je
suis paresseux. Je travaille, sur le haut du jour, à
tout ce qui a rapport au dessin. Je perfectionne
cette suite de pierres gravées que vous connoissez;
j'en ai beaucoup effacé pour les refaire avec plus
de soin, et, comme je voudrois que mes occupations pussent être utiles à la société, j'ai commencé la suite des médailles impériales d'or du
roi. C'est une des plus belles collections qui soient
au monde; j'en ai déjà fait près d'un cent; les
monuments qui sont à leurs revers m'amusent et
m'instruisent. J'engagerai, peut-être, par celte
suite, le roi à donner au public le catalogue de ses
médailles; le nombre en est prodigieux et la beauté
inconcevable : les moins rares même sont fleur de
coin et leur nombre passe de beaucoup celui de
quarante mille.

Le voyage de l'abbé Sevin nous a rapporté
quatre mille manuscrits; on va travailler à leur

traduction; vous en aurez incessamment le catalogue. Il nous a rapporté peu d'histoires profanes; cependant il y en a quelques fragments, mais nous avons un manuscrit d'ancien persan, traduction de la religion de Zoroastre. Une autre fois je vous en manderai davantage sur cet article. L'abbé Fourmont[1] a rapporté quatre mille médailles trouvées dans les fouilles qu'il a fait faire. On travaille à les nettoyer. Je ne pourrois vous en parler encore qu'imparfaitement; mais le plus beau de ses recherches, ce sont, sans contredit, les trois mille inscriptions qui n'ont été rapportées dans aucun livre et qu'il a toutes déterrées, sur lesquelles nous aurons bientôt de longues et belles dissertations. Il a toute la suite des prêtresses d'Amicla; plusieurs tombeaux et inscriptions qui éclaircissent des passages; enfin, ce qu'il peut y avoir de curieux dans le genre.

[1] Fourmont (Michel), 1690-1746, membre de l'Académie des Inscriptions, et qui, en 1728, fit avec l'abbé Sevin, par ordre de Louis XV, un voyage à Constantinople, pour y rechercher des manuscrits. C'est lui qui a trouvé sous les ruines de Sklabochoir, autrefois Amyclée, l'inscription connue sous le nom de cette ville remontant à mille ans avant Jésus-Christ, et consistant en deux fragments qui représentent une liste des noms des prêtresses grecques.

M. de Maurepas a ordonné plusieurs voyages à nos consuls de la côte d'Afrique et d'Asie; ils ont ordre de ne rien épargner pour nous éclaircir de plusieurs monuments antiques, dont nous connoissons à peine les noms. On fait actuellement ces voyages; bientôt nous en aurons nouvelles, et je vous en rendrai compte. Les correspondances dans le Levant sont bien établies pour nous faire avoir le reste des livres échappés à l'ignorance des chrétiens et à la barbarie des Turcs.

Depuis deux jours, j'ai commencé l'anglais; je compte (quoique j'étudie tout seul) être en état, dans deux mois, d'en savoir assez pour lire la prose; c'est tout ce que j'en veux faire. Il y a toujours dans cette langue des articles dans les livres que l'on n'ose traduire ou que l'on ne permettroit pas à l'impression; et les Anglois n'ont de bon que ces sortes d'idées détachées. Je ne veux donc pas en être privé.

La fin de cette lettre manque.

AUTRE LETTRE DU COMTE DE CAYLUS AU MÊME.

A Paris, ce 15 juillet 1742.

Voilà, mon cher abbé, les réponses que j'ai pu tirer de M. de Mairan[1] sur les questions que vous m'avez prié de faire à l'Académie des Sciences.

Mandez-moi à qui je puis remettre les *mémoires astronomiques* de M. Cassini que vous m'avez demandés ; je les ai depuis longtemps, avec les nouveaux volumes du catalogue de la bibliothèque qui vous reviennent. Vous devriez prier votre ambassadeur de s'en charger ; je ne vois que lui qui puisse vous les reporter, ou trouver des occasions pour vous les faire tenir. Vous devez avoir reçu des remerciments de madame Duchâtelet ; je me suis acquitté de votre commission.

On est honteux de ne vous envoyer que si peu de chose en réponse à vos observations ; mais il me paroit que personne sur nos côtes ne s'est attaché

---

[1] Mairan (J. J. Dortous de), célèbre physicien, mathématicien et littérateur ; membre de l'Académie des Sciences ; 1678-1771. *Dissertation sur la glace* ; *Traité de l'aurore boréale*, etc.

à cette partie. Il faut espérer que les observations
se multiplieront dans tous les genres, et que nous
en aurons assez pour réparer ce que l'éloignement
de la mer nous fait encore ignorer.

Nous attendons avec impatience des nouvelles
de nos académiciens du Pérou [1]; d'abord que nous
en aurons, j'aurai grand soin de vous en instruire,
comme une des choses qui peuvent le plus vous
amuser et qui le méritent davantage. Les dernières
lettres que nous en avons ne sont pas fraîches;
mais leurs angles étoient mesurés pour la seconde
fois : ainsi, l'exactitude ne peut être douteuse,
d'autant qu'ils étoient brouillés ensemble comme
des prêtres de différent parti.

---

[1] Il s'agit ici de la mission dont la Condamine, Godin et
Bouguer furent chargés, en 1736, et qui avait pour but d'aller
au Pérou mesurer un axe du méridien, pour déterminer la
figure de la terre. Le résultat de cette expérience ne répondit
pas à l'attente du monde savant. Piron disait plaisamment que
la Condamine avait été *donner un coup de pouce à notre
globe*, mais qu'il y avait *laissé ses oreilles*, faisant allusion en
cela à la surdité que la Condamine rapporta de son voyage.
Poursuivant sa plaisanterie, lorsque ce savant fut reçu à l'A-
cadémie française, Piron lui décocha l'épigramme suivante :

> La Condamine est aujourd'hui
> Reçu dans la troupe immortelle.
> Il est bien sourd; tant mieux pour lui !
> Mais non muet; tant pis pour elle !

Adieu, mon cher abbé, aimez-moi, et mandez-
le-moi; pour moi, je suis toujours à vos ordres.
Je vous aime et je vous embrasse.

CAYLUS.

AUTRE LETTRE DU COMTE DE CAYLUS AU MÊME.

A Paris, ce 20[1].

J'ai fait remettre à M. Cassini les observations
astronomiques de M. Zendrini [2], mon cher abbé, et,
d'abord que j'aurai sa réponse, je vous l'enverrai ;
mais je ne veux pas attendre ce temps pour vous
mander la part que je prends à vos malheurs :
vous n'étiez pas fait pour en éprouver de cette espèce. Si vous avez de bons télescopes à Venise,
nous en avons aussi d'admirables; nous avons un
ouvrier que le goût pour l'astronomie a rendu tel,
dont les télescopes de sept pouces font autant d'effet

---

[1] 1744.

[2] Zendrini (Bernard), célèbre hydraulicien, surintendant des
eaux, fleuves et lagunes de Venise; 1679-1747. A publié plusieurs ouvrages.

que ceux de treize d'Angleterre, et cela de l'aveu
de tous ceux qui s'y connoissent. Il en fait un actuellement de cinq pieds et demi; il sera fini ces
jours-ci, et je vous en parlerai. Ce grand ouvrier,
que, par parenthèse, les arts me doivent, se nomme
Passemant[1]. Il sera célèbre dans l'Europe, et, quoique marchand de peaux, vous en entendrez incessamment parler.

Je ferai dire au président Montesquieu et à M. de
Liancourt ce dont vous me chargez. Quant au duc
de Villeroy[2], jugez de son changement, puisqu'il ne
me voit plus ; mais, comme je m'attendois à tout
et que je suis comme le frère du *Misanthrope* de
notre bon Molière, rien ne m'afflige et je suis toujours le plus heureux des hommes de Paris. Vous
pouvez remettre à notre ambassadeur tout ce que
vous voudrez pour moi. Je ne le connois point, on
le dit galant homme ; mais M. Amelot lui a mandé,
à ce qu'il me disoit encore l'autre jour, que j'étois
des *siens* et qu'il le prioit de recevoir ce qu'on lui
remettroit pour moi. En effet, j'ai reçu, il n'y a pas
longtemps, des miniatures de votre illustre Rosalba,

---

[1] Passemant (Cl. Siméon), astronome et opticien. Paris,
1702-1769.

[2] Le fils du maréchal; ce dernier était mort.

dont je fais le cas qu'elles méritent. Notre autre
ambassadeur que vous regrettez est imbécile; on
ne le voit point, nous n'avons su que très-imparfai-
tement ici son aventure avec cette religieuse; je
vous prie, quelque jour de me la conter. Vous devez
avoir reçu à présent l'estampe de cette pauvre
femme que nous regretterons toujours. Il y a longtemps qu'elle est partie. Je ferai vos compliments
à la bonne madame de Bolingbrocke[1]; elle est à
Sens et son mari à Londres pour des affaires domestiques; il en doit revenir incessamment. A propos des Anglois, je suis dans l'inquiétude; mon
frère monte un des vaisseaux qui doivent attaquer
l'amiral Matthew[2], et vous imaginez aisément combien je serai sensible au malheur qui peut à présent lui être arrivé.

Adieu, mon cher abbé. Pouvez-vous croire un
moment que je n'aurai pas toute ma vie les sentiments que vous méritez? Croyez qu'un des plus
grands plaisirs que je pourrois avoir, ce seroit de

---

[1] La marquise de Villette.

[2] Matthew (Th.), amiral anglais, 1681-1751. Il commandait,
en février 1744, vingt-neuf vaisseaux de ligne dans le combat qui eut lieu devant Toulon entre la flotte combinée de
France et d'Espagne, commandée par M. de Court, et l'escadre
anglaise; combat qui n'eut aucun résultat décisif.

vous embrasser et de causer encore avec vous. J'en
serois peut-être plus digne à présent. Adieu.

CAYLUS.

AUTRE LETTRE DU COMTE DE CAYLUS AU MÊME.

A Paris, ce 27 novembre 1745.

Je reçois dans le moment, mon cher abbé, votre
lettre du 12 de septembre par la poste ; M. Bou-
dart, que vous m'annoncez, me l'aura sans doute
envoyée de Lyon.

Je vous remercie de votre souvenir et de la façon dont vous vous entretenez avec moi. Je voudrois pouvoir y répondre et vous amuser par mes
nouvelles ; mais je vis plus retiré que jamais et plus
dégoûté qu'on ne peut le dire de toute espèce d'auteur. Il semble que ces messieurs n'aient de l'esprit
qu'aux dépens des sentiments de leur cœur ; le
plus court, selon moi, est de s'en éloigner ; c'est
aussi le plus sûr, et ce que je fais avec un soin
extrême. Une pièce paroît, je vais la voir ; si elle

me plaît, j'y retourne; on donne un livre, je l'a-
chète; si la lecture m'en plaît, je l'achève et le conseille à mes amis. Je traite Voltaire, quant à ses
ouvrages, comme les autres. Quant à l'article du
cœur et des sentiments, je ne le connois point assez
pour le confondre ou pour l'excepter; de plus, la
vie privée que je mène m'éloignant d'avoir bon air,
vous croyez bien qu'il ne me cherche pas. Vous
êtes bien bons, en Italie, d'avoir traduit sa *Mérope*,
qui n'est point un ouvrage à lui, et qu'il devoit
faire meilleur avec les puissants secours anciens
et modernes qu'il a eus pour sa composition;
quant à sa *Gazette de Fontenoi*, je vous avoue que
le titre de *Poëme* qu'il lui a donné m'a étonné, et
que je ne vous aurois point imaginé assez indulgent
pour le passer. Au reste, je suis depuis longtemps
dans l'habitude de vous confier toutes mes façons
de penser; je puis donc convenir avec vous que je
n'aime en tout genre que les ouvrages originaux,
et que les morceaux qui me font sentir un auteur
capable d'inventer son art. Ainsi, vous devez sentir
que le *Newtonianisme pour les dames*[1] ne m'a pas

---

[1] Cet ouvrage est d'Algarotti qui, dans cet écrit, a cherché
à imiter la *Pluralité des mondes*, de Fontenelle. Algarotti
(F.), célèbre littérateur (Venise, 1712-1764), cultiva avec un

affecté; l'original de Fontenelle n'est pas sans mérite; on rend justice à ses *Mondes;* mais que devient une copie? Vous dites que M. Algarotti, que
je n'ai jamais vu, ne nous aime pas; pourquoi
donc nous copie-t-il? Son dessein serait-il de pratiquer cette grosse ironie que l'on trouve si commu-
nément en Angleterre?

Vous voyez que je ne vous apprends rien et que
je ne fais que vous entretenir.

Les nouvelles de nos académiciens du Pérou se-
raient vieilles; vous savez depuis longtemps leur
retour et le résultat de leurs opérations : ainsi je
ne vous en dirai mot; mais que dirait M. Algarotti
et les Anglois eux-mêmes, s'ils avoient mis à fin de
telles aventures? Ils seroient insupportables, et je
crois qu'il faudroit sortir de l'Europe.

Jamais je n'avois vu le vieux cardinal que vous
appelez *mien;* j'ai employé des amis pour le faire
écrire en votre faveur à Rome, mais il ne l'a pas
voulu.

Je ne suis point surpris du souvenir que vous
conserve M. de Liancourt, ni de l'oubli du duc de

égal succès les sciences, les lettres et les arts; il séjourna
longtemps auprès de Frédéric le Grand, qui, pendant vingt-
cinq ans, entretint avec lui une correspondance suivie.

Villeroy [1]; ces choses sont conséquentes à leur caractère; moi-même, je ne vois plus du tout ce dernier. A quoi pourrois-je lui être utile? un ami tout court est rarement recherché; cependant M. de Maurepas ne pense pas comme lui : il joint le cœur à l'esprit, et, malgré mon inutilité, il m'aime comme je l'aime.

J'ai vu plusieurs morceaux du *Tasse* de Piazzetta [2], dont vous me parlez, et dans le temps j'en ai été si satisfait, que j'ai souscrit; nous attendons avec impatience l'ouvrage entier. Il pourra s'y trouver des défauts : quel est celui qui n'en a point? mais ce peintre est et sera toujours un habile, plein de feu, de génie et de talent. A propos d'estampes, je n'ai pu vous en envoyer encore une, que j'ai fait graver, de ma pauvre mère. C'est un beau morceau, indépendamment de l'amitié qui vous le fera recevoir et regarder avec plus de plaisir; je n'imagine d'autre moyen que le retour de votre ambassadeur; faites-lui dire de l'envoyer chercher chez moi, en cas qu'il ait quelque occasion.

---

[1] Il est toujours question du duc de Villeroy, lieutenant général, capitaine des gardes, et fils du maréchal.

[2] Piazzetta (J. B.), peintre, élève de Molineri, des Carrache et des Guerchin. Venise, 1682-1754.

Je suis très-fâché que vos affaires vous empêchent de travailler, et nous privent, par conséquent, des belles choses que vous êtes plus capable de produire que tout autre. Il faut espérer que votre goût l'emportera sur les difficultés. Je vous envoie cette lettre par notre ambassadeur. Je prie M. d'Argenson de l'engager à se charger de vos réponses; s'il y consent, je ferai remettre toutes les lettres que vous m'adresserez. Je n'ai point reçu celle dont vous me parlez et qui étoit adressée à Voltaire. Je vous embrasse, mon cher abbé, de tout mon cœur; les compliments ne sont pas faits pour nous.

CAYLUS.

Je viens de rencontrer M. Cassini, qui vous fait mille compliments, et qui vous offre sa correspondance pour tout ce qui pourra mériter votre curiosité de sa part.

DERNIÈRE LETTRE DU COMTE DE CAYLUS AU MÊME.

Vous m'avez paru curieux, mon cher abbé, de savoir ce que je ferois d'après les pierres gravées du Cabinet du roi. Je vous en envoie quelques-unes à la

hâte pour vous amuser, et si fort à la hâte que les
épreuves sont malpropres, et qu'il y en a dans le
nombre que je compte effacer pour les refaire; mon
dessein est d'en donner vingt-trois à l'Académie des
Inscriptions et de les engager à commencer l'explication de celles-ci, pour voir, par cet essai, si
cet ouvrage leur piquera le goût et se trouvera de
quelque utilité. Après cet essai, je continuerai ou
je suspendrai.

La décoration que j'ai conduite à l'Opéra a
réussi; elle a même eu un succès prodigieux : elle
est simple, vraie; je suis charmé du succès, mais
plus content encore de voir que mes patriotes sont
sensibles au goût. Je ne regarde ce que je leur ai
donné que comme l'échantillon d'une pièce que je
mènerai beaucoup plus loin, et je vais vous expliquer mon projet. La façon de décorer en Italie seroit sûrement mon modèle, sans les inconvénients
dont elle est accompagnée; premièrement, l'on met
en Italie une ferme qui resserre les acteurs sur la
scène, et, derrière cette ferme, on bâtit, pour ainsi
dire, la décoration : c'est un inconvénient dans lequel je ne veux pas tomber. Vous y êtes accoutumés
en Italie, et cette habitude vous vient du défaut des
charpentiers et des menuisiers qui ne peuvent

obéir aux peintres; ici, les ouvriers ne trouvent rien d'impossible, et l'on est accoutumé à voir tout arriver par en haut, par en bas et par les côtés, au seul coup de sifflet. C'est un avantage que je ne veux pas perdre; mais, comme mon théâtre est très-étroit, et que je n'ai nulle commodité pour le servir, mon dessein est de faire *du grand*, quand j'en aurai l'occasion, et, dans le courant de l'année, de faire un tableau mouvant des plus agréables dans lequel j'observerai la nature et ses accidents avec toute l'exactitude et l'imagination d'un poële et d'un peintre. Mandez-moi ce que vous pensez de ce projet, et croyez-moi plus de vos amis que personne, et regrettant le plus votre société et votre commerce.

Le duc de Retz vient de boire à votre santé; il vous embrasse. Je vous demande des nouvelles de vos arts, et vous embrasse de tout mon cœur.

CAYLUS.

CINQUIÈME SÉRIE

NOTICE

SUR LA CINQUIÈME SÉRIE

Le premier des deux documents qu'on va lire est une *Notice biographique*, rédigée et écrite par la marquise de Villette, vers 1730, sur Agrippa d'Aubigné, ainsi que sur ses aïeux et ses enfants.

Ceux qui connaissent l'histoire généalogique de la famille de madame de Maintenon diront peut-être, après avoir lu cette Notice, qu'elle ne leur a rien appris, et ils se tromperont. Elle leur *apprendra*, au contraire, combien les descendants et les

alliés d'Agrippa d'Aubigné avaient à *apprendre* eux-
mêmes sur le compte de ce dernier et de ses ancêtres, même cent ans après sa mort [1] : et c'est en
cela surtout que le travail de la marquise de Villette est piquant. On y trouve, en effet, des igno-
rances adorables; les anachronismes les plus inat-
tendus s'y étalent intrépidement à côté d'hérésies
remplies de charme et de naïveté. La marquise va
jusqu'à dire que madame de Maintenon est née en
1641, et que son père, Constant d'Aubigné, mourut
à Orange en 1650, etc.

On le voit, cette Notice est un monument qui
mérite d'être conservé, et le plus curieux c'est
qu'elle a été faite en vue de lever les doutes des
dames de la maison de Saint-Cyr, qui avaient demandé à la marquise des éclaircissements sur la
famille d'Aubigné, en lui envoyant en communication un *Mémoire*, rédigé à ce sujet par mademoiselle d'Aumale. Ce Mémoire, qui nous manque,
présentait des inexactitudes, des obscurités, et l'on

---

[1] Il peut paraître intéressant de comparer une pareille insou-
ciance avec le soin industrieux que se donnait madame de Sévigné pour rassembler les preuves éparses des titres de noblesse de sa famille. Voyez sa lettre à Bussy-Rabutin, du
4 décembre 1668.

priait la marquise d'expliquer, d'interpréter le texte. On verra de quelle manière elle s'est acquittée de cette tâche. Jamais glose de savant en *us* n'a été plus embrouillée. Au surplus, elle aurait pu écrire des volumes sur ce thème; mais elle a été concise, et ce serait là, au besoin, son excuse. *Quidquid præcipies, esto brevis*, a dit Horace.

S'apercevant sans doute elle-même des tâtonnements de sa mémoire, des incertitudes de son esprit, elle avait préparé deux *minutes*, que nous avons également sous les yeux. Ces *minutes* présentent entre elles de très-nombreuses répétitions et sont, pour ainsi dire, la copie l'une de l'autre. Toutefois, celle qui nous paraît avoir été écrite en second lieu contient quelques paragraphes qui ne sont pas dans la première, et nous n'avons eu qu'à ajouter ces paragraphes à la version commune pour avoir le travail dans son entier.

Nous pensons que le lecteur nous saura gré de faire précéder cette Notice par les *Questions* qu'elle a la prétention de résoudre et que les dames de Saint-Cyr avaient posées à la marquise, comme il a été dit. Ces questions, qui portent le titre de *Notes*, ont aussi leur caractère d'originalité. Elles forment un petit cahier de huit feuillets, et elles ont été

écrites par une des pensionnaires de Saint-Cyr,
dont le nom nous est resté inconnu [1].

[1] Il se peut que cet écrit soit de madame de Berval, qui fut
la vingtième dame de Saint-Louis et que son esprit et sa piété
rendirent également remarquable. M. le duc de Noailles nous
apprend que cette dame recueillit la plupart des écrits de
madame de Maintenon, et c'est d'elle qu'est le *Recueil* intitulé : *Réponses que madame de Maintenon a bien voulu
nous faire*. Née en 1670, elle mourut en 1738.

NOTES SOUMISES A LA MARQUISE DE VILLETTE PAR LES DAMES DE SAINT-CYR.

PREMIÈRE PAGE DU MÉMOIRE [1].

1° Le Mémoire ci-joint a été fait par mademoiselle d'Aumale, à laquelle nous sommes très-redevables d'en avoir bien voulu prendre la peine : car, quoiqu'il y ait quelques petits endroits à supprimer, ce me semble, le tout est extrêmement beau et très-vrai.

2° Il est très-nécessaire de démêler de qui Agrippa d'Aubigné étoit fils. Les uns le font bâtard de Henri IV, d'autres de la reine de Navarre ; ce qui est certain, ç'est qu'on ne voit point clairement

---

[1] Ces numéros renvoient aux pages du *Mémoire* rédigé par mademoiselle d'Aumale, lequel nous manque, ainsi que nous l'avons dit.

d'où il sort, ce qui est surprenant dans un auss
grand personnage que lui et qui a fait une si belle
figure tant auprès du roi, son maître, que dans le
parti protestant.

3° Nous serions curieuses de savoir, madame, si,
dans la vie d'Agrippa d'Aubigné, il n'y auroit rien
qui pût entrer dans la vie de madame de Maintenon.

DEUXIÈME PAGE.

4° Nous désirerions savoir si, en effet, Agrippa
d'Aubigné s'appeloit d'Aubigné ou d'Aubigny, car
madame notre illustre institutrice s'est appelée et
a signé partout d'Aubigny jusqu'au commencement
de sa faveur [1], et alors on voit par ses lettres à
M. le comte d'Aubigné, son frère, qu'en passant
par le Poitou, en allant à Barége, M. le marquis de
Tigni d'Aubigné, d'une très-belle et ancienne noblesse d'Anjou, lui fit voir qu'ils étoient de même
famille, et lui fit en même temps remarquer l'en-

---

[1] Erreur. Nous avons sous les yeux une lettre de madame
de Maintenon (1660) qui est signée *d'ubigné*. Mais nous ne
nous attacherons pas à relever les inexactitudes qui se trouvent dans ces *notes;* nous nous bornerons à rétablir les faits
dans la réponse de la marquise de Villette.

droit où ils s'étoient séparés. De ce moment, madame de Maintenon prit le nom de MM. de Tigni d'Aubigné, et manda à ce sujet à monsieur son frère : *C'est apprendre bien tard ce que l'on est.*

Dans un endroit, elle blâme monsieur son frère d'avoir pris le lion d'hermines, puis, peu après, elle lui mande : *Prenez donc le lion d'hermines, puisque ce sont nos véritables armes.*

SEPTIÈME PAGE.

5° Tous ces endroits-ci sont assez embrouillés, et ils demandent sans doute d'être supprimés ou passés très-délicatement.

HUITIÈME PAGE.

5° *bis.* Nous voudrions bien qu'il fût certain que les dernières lignes de cette page sont fausses, ou que, du moins, comme nous le croyons certain, elles ne regardent qu'un frère aîné qui se noya à Mursay. Il est sûr qu'elle était la cadette de ses deux frères : ainsi, ce fait ne peut la regarder, quoi qu'en veuille dire la malignité de certains mémoires, lettres et dialogues qui courent dans le monde.

QUATORZIÈME PAGE.

6° Est-ce d'Agrippa d'Aubigné que mademoiselle
d'Aumale parle en disant qu'elle a vu des lettres
de son grand-père où il parle d'elle? Où les pourroit-on trouver? Nous les demanderons à mademoiselle d'Aumale, mais aussi à vous, madame;
car il y a apparence que cela est gardé précieuse-
ment dans la famille ou chez les Saint-Hermine ou
quelque autre.

DIX—SEPTIÈME PAGE.

7° Il vint ici, il y a quelque temps, des jésuites
qui assuroient que madame de Maintenon avoit été
si pauvre dans son enfance, qu'elle alloit avec une
écuelle recevoir du potage qui se distribuoit en
certain endroit, ce qui n'est pas probable, puisqu'elle a toujours été ou chez madame de Villette
ou chez d'autres parentes, qui en prenoient soin.
Ma sœur de Blosset interprète cela de la *boîte à
Perrette*, qui est, dit-elle, une quête en usage chez
les protestants, et qu'ils se servoient d'elle pour
cela. Je ne sais ce qu'il en est [1].

[1] D'après ses propres paroles, lorsqu'elle était chez madame

DIX-NEUVIÈME PAGE.

8° Il seroit nécessaire de bien démêler les deux voyages en Amérique, l'âge qu'elle avoit quand elle en revint. Il faudroit qu'elle eût eu, dès ce temps-là, un esprit bien prodigieux pour avoir fait, à six ou sept ans, tout ce qu'on lui fait dire et faire, comme les lettres à son frère, etc., et son abjuration : car elle nous a conté elle-même qu'elle avoit fait sa première communion à huit ans.

VINGT-SEPTIÈME PAGE (tout au bas).

9° Nous croyons que c'est à seize ans qu'elle est demeurée veuve, car il nous semble lui avoir entendu dire qu'elle avoit été mariée à M. Scarron à quatorze ans.

de Neuillant, Françoise d'Aubigné avoit le gouvernement de la basse-cour, et c'est par là, disoit-elle, que son règne avoit commencé. Tous les matins, un loup sur le visage, un chapeau de paille sur la tête, un panier dans une main et une gaule dans l'autre, elle alloit garder les dindons, avec ordre de ne toucher au panier, où étoit le déjeuner, qu'après avoir appris cinq quatrains de Pibrac.

SOIXANTE-TREIZIÈME PAGE.

10° N'y auroit-il donc pas moyen de pouvoir prouver authentiquement le mariage certain entre le roi et elle? Se peut-il que cela se soit fait sans aucun écrit et signature des témoins? A quoi auroient-ils servi, ces témoins? Ne se pourroit-il rien trouver dans les archives de l'Archevêché ou dans celles de la Cour, à Versailles, ou à Rome, car enfin les papes de ce temps ne pouvoient l'ignorer. M. le cardinal de Polignac, son ami et son allié, n'en sauroit-il rien, ou M. le cardinal de Rohan, qu'elle aimoit fort aussi?

Nous vous faisons, madame, toutes ces questions parce que nous n'osons les faire nous-mêmes à qui que ce soit, ne voulant point paroître, mais disposer tout doucement de bons matériaux pour un temps favorable.

11° Ces preuves sont faites par un Anglois, généalogiste de la reine d'Angleterre. Ce fut cette grande princesse qui donna à madame de Maintenon celles que nous avons ici. Il y manque le contrat de mariage et la filiation du père d'Agrippa d'Aubigné, et depuis lui, en remontant toujours.

On voit qu'elle est absolument de la maison d'Aubigné, en Anjou, ce que bien des gens lui disputent et refusent; mais ce fait sera hors de tout doute dès que l'on saura d'où sort Agrippa, son grand-père. Après tout, quand il seroit bâtard d'un roi ou d'une reine, seroit-ce une chose si diffamante? Outre que le mérite est personnel, ce qu'il y a d'assuré, c'est qu'il étoit gentilhomme de la chambre du roi et un véritable grand seigneur, et c'est ce qui rend incompréhensible qu'on ne puisse *déterrer* son père et sa·mère.

(Ici finissent les *questions*, qui sont suivies de trois pages restées en blanc.)

Théodore Agrippa d'Aubigné étoit fils de ..... [1].
Il étoit né à Pons, en Saintonge, comme il le dit
lui-même, terre appartenant en ce temps à l'héri-
tière de la maison d'Albret, — Jeanne d'Albret,
qui étoit reine de Navarre. — J'ai entendu dire
dans la famille que le père de notre Agrippa avoit
une charge considérable dans la maison de cette
reine, chez laquelle il avoit épousé Jeanne de Lestang, qui étoit une de ses filles d'honneur et qui
mourut en couches. Elle avoit du bien et des terres
auprès de Mer en Blaisois.

Il est certain qu'Agrippa fut élevé avec grand

---

[1] Cette ligne est restée en blanc. Nous la remplirons en rap-
pelant qu'Agrippa était fils de Jean d'Aubigné, écuyer, seigneur
de Brie, et de damoiselle Catherine de Lestang. Jean d'Aubigné fit prisonnier le connétable de Montmorency, à la bataille de Dreux, et reçut, à l'attaque d'Orléans, une blessure
dont il mourut quelque temps après. La reine de Navarre l'a-
vait nommé son chevalier.

soin et comme un homme de condition auprès de
Henri IV. Il eut l'honneur de suivre son maître
dans toutes les guerres qu'il eut à soutenir, et se
retira, après la conversion de ce prince, dans sa
terre de Mursay, en Poitou, où il s'occupa, dans la
retraite, à écrire l'histoire universelle de son temps.
Il a été fort connu par ses écrits, mais plus recom-
mandable encore par cette sincérité dont il parle
lui-même dans les *Mémoires*, dont je trouvai l'original écrit de sa main, dans lesquels il dit que sa
*rude probité le rendoit peu propre auprès des
grands.*

Je n'avois point gardé de copie de ces *Mémoires*,
madame de Maintenon m'ayant dit qu'elle me les
rendroit; et j'ai été étonnée de les voir imprimés
il y a quelques années avec plusieurs fautes [1], autant que je puis me souvenir de l'original. Je me

---

[1] Allusion probablement à la nouvelle édition des *Aventures
du baron de Fœneste*, ouvrage très-remarquable d'Agrippa
d'Aubigné. Cette édition fut publiée, en 1729, par le Duchat,
qui l'*augmenta* de remarques historiques, de l'*histoire secrète
de l'auteur, escrite, par luy-mesme* (sans doute il s'agit ici
des *mémoires* dont parle la marquise de Villette), et de la
bibliothèque de maistre Guillaume. 2 vol. petit in-8. Cologne,
héritiers Marteau. La première édition du *Baron de Fœneste*
est de 1630. M. Prosper Mérimée a réédité cet ouvrage en
1855, dans la *Bibliothèque Elzevirienne* de P. Jannet.

suis imaginée que M. le duc de Noailles, qui avoit, dans le temps que je les remis à madame de Maintenon, voulu faire travailler sur ces *Mémoires* à une vie d'Agrippa par un nommé La Chapelle, les a oubliés ou négligés, qu'ils ont été soustraits et imprimés depuis.

Vous y verrez son mariage avec Suzanne de Lezay, de la maison de Lusignan, et qu'il prouva dans ce temps qu'il descendoit de la maison d'Aubigné d'Anjou. Je ne sais pourquoi madame de Maintenon et monsieur son frère avoient signé, pendant un temps, *d'Aubigny :* car dans l'extrait mortuaire de leur père, mort à Orange en 1650, il est nommé d'Aubigné [1]. Quant au *lion herminé*, ni Agrippa, ni

---

[1] Cette assertion si affirmative de la marquise, qui fait mourir le père de madame de Maintenon à Orange, en 1650, alors que tous les biographes s'accordent à dire qu'il mourut à la Martinique; cette assertion, disons-nous, appuyée d'un *extrait mortuaire*, nous a, pendant un temps, d'autant plus préoccupé que Voltaire l'a reproduite, en partie, dans une note placée à la page 5 des *Souvenirs de madame de Caylus*, publiés en 1778. Consulté par nous à ce sujet, M. Augel, médecin à Orange et ancien maire de cette ville, a répondu gracieusement à notre appel; et il résulte de sa lettre du 16 novembre 1860, qu'il n'existe dans les registres de l'état civil d'Orange aucune trace du décès dont il s'agit, non-seulement en 1650, mais encore de 1640 à 1660, période que les recherches de M. Augel ont embrassée.

Constant, son fils, ne l'avoient pris. Leurs armes
étoient un *lion* sans *hermine*. Ces sortes de différences ne marquoient souvent que celles des bran-
ches aînées ou cadettes.

Je remis aussi en même temps à madame de
Maintenon diverses lettres que j'avois trouvées à
Mursay, de la propre main de Henri IV, et qui
étoient adressées à Agrippa. Il y en avoit aussi de
ce prince à Suzanne de Lezay, dont la suscription
étoit : *A la maîtresse de mon serviteur Aubigné*.
C'étoit dans le temps que ce mariage se traitoit,
duquel d'Aubigné eut deux filles, l'une mariée avec
M. de Caumont d'Adde, l'autre à M. de Villette, et
un fils nommé Constant [1], qui fut père de madame
de Maintenon, lequel, par sa mauvaise conduite,
s'attira tous ses malheurs et ceux de sa famille. Il
avoit épousé en premières noces madame de Nuaillé,
femme de condition du pays d'Aunis [2]. Il fut accusé de sa mort, et fut obligé de quitter la France;
il passa, après avoir fait plusieurs autres voyages,

[1] Agrippa eut cinq enfants de sa première femme, trois
garçons et deux filles, ainsi que nous l'avons expliqué, page 21.

[2] La première femme de Constant se nommait Anne Marchant; elle était veuve de Jean Courant, seigneur et baron de
Chastelaillon.

aux îles de l'Amérique. A son retour, on l'accusa
de s'être entendu avec les ennemis de l'État pour
leur livrer une de nos colonies; il le fut aussi d'a-
voir fait de la fausse monnoie, et fut mis au château Trompette. Pendant sa prison, il devint amoureux de la fille du capitaine de ce château, nommée
Jeanne de Cardilhac; c'est ce qui a fait écrire si
souvent qu'il avoit épousé la fille d'un geôlier. M. de
Cardilhac étoit un très-bon gentilhomme de Gas-
cogne; il y en a encore de ce nom, et j'en ai connu
dans le service. Il étoit parent de M. le duc d'É-
pernon, alors gouverneur de Guienne, qui disposoit
comme tel de deux ou trois petits gouvernements
comme du cap de Buc, du château Trompette, qu'il
avoit donnés à des gentilshommes de ses parents.
Depuis ce temps, on a fortifié ces places; le roi s'en
est réservé la nomination et l'a ôtée aux gouver-
neurs de Guienne.

Quelque temps après son mariage, et ayant déjà
deux fils, M. d'Aubigné demanda d'être transféré
du château Trompette dans la prison de Niort pour
être plus à portée de sa famille, la terre de Surimeau, où vivoit madame de Caumont, et celle de
Mursay, où vivoit madame de Villette, n'étant éloi-
gnées que d'une petite lieue de cette ville. Cette

dernière prit chez elle les deux fils de son frère. Sa belle-sœur accoucha l'année d'ensuite, au mois de décembre 1641 [1], si je ne me trompe, dans la prison où elle n'avoit pas voulu quitter son mari, de Françoise d'Aubigné, qui fut baptisée au prêche de Niort, quoique sa mère fût catholique, parce que sa tante, madame de Villette, zélée protestante, se chargea d'elle, et l'emmena, aussitôt qu'elle fut née, à Mursay, où elle fut élevée jusqu'à l'âge de cinq ou six ans. Ce fut là où l'aîné des trois enfants se noya en badinant au bord d'une rivière qui passe dans les fossés du château.

Après bien des soins et des peines, la famille et la femme de M. d'Aubigné obtinrent sa grâce, sur quoi le cardinal de Richelieu, en quittant madame d'Aubigné qui la lui demandoit, dit : « Elle seroit bien heureuse si je lui refusois ce qu'elle me demande. »

L'état où M. d'Aubigné avoit mis ses affaires, — car sa mauvaise conduite l'avoit fait déshériter par son père, dont il n'avoit eu que ce que M. de Villette, son beau-frère, très-honnête homme, lui en avoit sauvé, n'ayant pas voulu profiter pour sa part de

---

[1] Madame de Maintenon est née le 27 novembre 1635.

cette exhérédation, — cet état, dis-je, lui fit prendre le parti de retourner en Amérique, où il avoit
commencé, à son premier voyage, à former une
habitation. Il emmena avec lui sa femme et ses
enfants [1]. Sa fille avoit cinq ou six ans, et fut si
malade dans le trajet, qu'on fut près de la jeter à la
mer, la croyant morte [2].

M. d'Aubigné, au bout de quatre ans, vint faire
un voyage en France. Il avoit changé deux ou trois
fois de religion, selon les lieux où il se trouvoit.
Il mourut huguenot, parce qu'il mourut à Orange,
ainsi que vous le verrez par son certificat de mort [3].

Tout ceci, que je n'écris que pour vous, madame, vous fera juger qu'à l'égard du père, le
mieux est de n'en parler que très-légèrement.

La réponse de la marquise de Villette finit ici.

---

[1] Ce second voyage s'accomplit vers 1643.

[2] Longtemps après, à l'époque de sa grandeur, madame de
Maintenon racontant ce fait à Marly, l'évêque de Metz, qui
était présent, lui dit : *Madame, on ne revient pas de si loin
pour peu de chose.*

[3] Constant ne revint point en France; il mourut à la Martinique, très-probablement, comme il a été dit, et le *certificat
de mort* dont parle madame de Villette reste, dès lors, une
chose inexplicable.

SIXIÈME SÉRIE

NOTICE

Cette sixième et dernière série consiste dans la transcription littérale d'un délicieux petit volume de forme très-portative, que, pour ce motif et en raison de la nature intime des communications qu'il renferme, nous appelons le *vade-mecum* de madame de Maintenon.

C'est un manuscrit in-32 de 180 pages, dont le tiers est écrit par madame de Maintenon elle-même, et le surplus alternativement par mademoiselle d'Aumale et par Nanon, cette *vieille servante* de madame de Maintenon, qui suivit sa maîtresse dans la bonne comme dans la mauvaise fortune, et que Saint-Simon nomme une *demi-fée*, à cause du pouvoir presque magique qu'elle exerçait à la Cour.

Recouvert d'une reliure *feuille morte*, lisse et unie, que les mains de son illustre maîtresse ont usée sous leur contact familier et comme imprégnée des derniers parfums du grand siècle, ce manuscrit devait être, en effet, le *vade-mecum*, le *livre de chevet* de madame de Maintenon. C'était, pour ainsi parler, une espèce de *vase d'élection* où elle renfermait, où elle *concentrait* par petites doses la quintessence des lettres et instructions spirituelles qu'elle recevait de ses directeurs de conscience. Aussitôt que, dans la lecture de ces lettres pastorales, son attention était frappée par un passage qu'elle pût se proposer comme exemple, comme précepte, comme sujet de prière ou de méditation, vite elle recueillait ce passage dans son petit volume, et la maxime, la sentence entraient désormais dans ses pratiques de piété, dans sa règle de conduite.

C'est donc la fleur de cette curieuse correspondance que nous avons sous la main, et, très-probablement aussi, c'est là un de ces *petits livres secrets* qu'elle légua en mourant à madame Travers du Pérou, supérieure de Saint-Cyr[1].

La première partie de ce manuscrit (c'est-à-dire quatre-vingt-dix-sept pages) se rattache uniquement et directement à madame de Maintenon. Elle se compose d'extraits de lettres et d'*instructions* à elle adressées par Bourdaloue, par Godet des Marais, évêque de Chartres, son confesseur, et par M. de la Chétardie, curé de Saint-Sulpice.

Nous n'ignorons pas que la plupart des pièces formant cette première partie ont été publiées, soit par l'abbé Berthier[2], soit par la Beaumelle; mais cette publication est plus apparente que réelle. En effet, en passant par les mains de ces deux éditeurs, le texte a été modifié dans plusieurs endroits; des variantes plus ou moins

---

[1] Voyez le *Testament* de madame de Maintenon, page 253-254, sixième volume de ses *Mémoires*, publiés par la Beaumelle. Amsterdam, 1757.

[2] Le volume publié par l'abbé Berthier, en 1756, a été réuni aux lettres de madame de Maintenon éditées par la Beaumelle; les deux publications n'en forment plus qu'une, et c'est ordinairement le septième volume qui, sans que cela soit indiqué, contient les lettres imprimées par les soins de l'abbé Berthier, moins la préface.

considérables y ont été introduites, des paragraphes entiers ont été supprimés ou ajoutés ; enfin,
les dates manquent de même que les titres. C'est
donc rendre un service incontestable à la vérité
historique que de rétablir ce texte, c'est-à-dire de
le donner tel qu'il nous est présenté par madame
de Maintenon elle-même.

La seconde partie du manuscrit dont nous nous
occupons contient des *instructions* religieuses données à Marie-Adélaïde de Savoie : les unes par son
directeur de conscience, lorsqu'elle quitta Turin
pour venir en France épouser le duc de Bourgogne ;
les autres par le confesseur qu'elle prit à Versailles,
lorsque mariée, mais trop jeune encore pour être
livrée aux empressements de son époux, la charmante princesse fut confiée, pendant quelque temps,
aux soins particuliers de madame de Maintenon,
qui acheva son éducation.

Quant à ces derniers documents, nous croyons
qu'ils n'ont été imprimés nulle part, sauf cependant le *Dialogue de l'impératrice Pulchérie avec un
solitaire*, composition que la Beaumelle a reproduite à *sa manière*, c'est-à-dire en la défigurant
dans beaucoup de ses parties.

VADE-MECUM

DE MADAME DE MAINTENON

Il est vrai que vous êtes conduite quelquefois par un chemin assez rude, et que ni du côté du monde, ni du côté de la santé, ni même du côté de ce que vous entreprenez pour Dieu, vous n'avez pas toute la consolation qu'on s'imagine. Mais c'est un bonheur inestimable que les choses soient ainsi, et ce seroit un grand malheur qu'elles fussent

---

[1] Lettre adressée par Godet des Marais, évêque de Chartres, à madame de Maintenon, et transcrite par cette dernière.

autrement. Convaincue comme vous êtes qu'il y a une autre vie où l'on ne peut arriver heureusement que par la croix, pourriez-vous vous affliger, et pourroit-on s'affliger pour vous de ce que vous en avez une à porter, qui rend votre salut éternel d'autant plus sûr qu'elle est souvent plus invisible et plus pesante?

Il me semble que vous estimez quelquefois un peu l'état d'abandon sous la main de Dieu, et que vous en parlez comme d'un état utile et désirable. Vous êtes bien réellement dans l'occasion de mettre vos pensées en pratique, et toutes les circonstances qui vous environnent vous y portent éminemment; c'est pour vous encore plus que pour ceux qui marchent aujourd'hui pour la défense de la religion, le temps de remporter des victoires; et il ne tiendra qu'à vous de gagner beaucoup plus dans votre retraite de Saint-Cyr qu'on ne gagnera à Mons et dans tous les autres endroits, où il plaira au roi de porter ses armes et à Dieu de les bénir[1].

---

[1] « Le roi alla lui-même faire le siége de Mons, en mil six cent quatre-vingt-onze, dit la comtesse de Caylus dans ses *Souvenirs*, page 148, édition de 1778. Les princesses demeurèrent à Versailles, ajoute-t-elle, et madame de Maintenon à Saint-Cyr dans une si grande solitude, qu'elle ne vouloit pas

Il ne faut pour cela que pratiquer paisiblement la patience, l'humilité, le détachement, et un peu de cet abandon que vous avez vu souvent de loin et que vous voyez maintenant de plus près.

Oh! que ces grandes occasions devroient nous paroître précieuses! Qu'elles peuvent nous faire faire, en peu de temps, un merveilleux progrès vers Dieu, et qu'elles peuvent nous servir, au moins, à nous faire sentir profondément notre misère! Lorsque par des mouvements naturels trop vifs nous apprenons combien notre cœur est encore vivant à la créature, et combien les sentiments qu'il en a sont plus forts et plus pressants que ceux de la grâce, on éprouve alors ce qu'il faut qu'il en coûte pour dire avec une sincère et pleine résignation : « *Seigneur, que votre volonté soit faite!* »

Cependant, si l'on veut être à Dieu comme il le demande, il faut en venir jusque-là qu'il soit le seul maître, et que toute la tendresse naturelle fasse

---

même que j'y allasse. » Les dames de la Cour prirent leur revanche au siége de Namur. Elles y allèrent en partie de plaisir; elles dinaient au camp, faisaient de brillantes cavalcades, jouaient une partie de la nuit, et le roi les promenait galamment sur les lignes de l'armée. C'est ainsi qu'en ce temps-là on gagnait des batailles, et qu'on en perdait aussi.

place à un amour dominant qui coupe et qui immole tout ce qui n'est pas Dieu.

Bénissez-le donc de ce que, dans le secret, entre lui et vous, il vous donne une abondante part à l'amertume du calice qui nous a sauvés.

Agissez toujours avec courage ; que votre cœur se fortifie ; soutenez la main du Seigneur, lors même qu'il l'appesantit; il n'envoie point de croix qu'il n'y attache une grande et une éminente grâce ; ne laissez pas perdre celle qu'il vous a préparée et pensez souvent, en sa présence, qu'après tout, quelque peine que vous souffriez, vous n'en souffrez pas autant que vous en méritez, autant que Notre-Seigneur en a souffert, autant peut-être qu'il vous en faut pour gagner le ciel.

AUTRE LETTRE [1].

J'avoue que ce qu'on me mande de l'augmentation de votre foiblesse, qui ne vous permet presque pas de vous appliquer à rien, et qui vous mit mardi

[1] Adressée par l'évêque de Chartres à madame de Maintenon, et transcrite par cette dernière.

hors d'état de pouvoir entendre la messe, m'a
donné d'abord une vraie inquiétude; mais, la paix
et la tranquillité où vous paroissez être dans cet
état d'épuisement, étant une marque du bon usage
que vous en faites, je me sens tout consolé de pouvoir croire que vous êtes aussi agréable à Dieu, en
ne faisant rien par incapacité d'agir, que vous le
seriez en faisant mille bonnes choses par impression de zèle. Après tout, que nous importe ici-bas
de travailler ou de cesser le travail, pourvu que
la divine volonté s'accomplisse en nous, avec l'a-
grément de la nôtre ?

Ne pensons qu'à vouloir tout ce que Dieu veut,
et portons avec humilité l'humiliation qui est attachée à un abattement causé, selon toutes les apparences, par une trop grande sensibilité naturelle.

Souvent l'esprit contribue beaucoup à accabler
la chair, et, comme le Saint-Esprit nous apprend
que le corps qui se corrompt appesantit l'âme,
aussi voyons-nous par expérience que l'âme qui,
par vertu, se fait violence, jette le corps dans la dé-
faillance. Pour lors, il faut se voir défaillir avec une
sainte complaisance pour les ordres de celui qui est
le maître de la santé et de la vie ; et l'on avance
plus en peu de jours par cette route d'acquiesce-

ment et de soumission, qu'on ne feroit en bien du temps par les meilleures actions qu'on peut faire de son choix.

Il ne faut point souhaiter avec empressement de sortir de cette inaction, un moment plus tôt que Dieu ne voudra, ni s'affliger de l'impuissance où l'on se trouve de faire ses fonctions et ses prières accoutumées.

Il suffit de se tenir doucement en la présence de Dieu pour l'adorer, pour le goûter, pour consentir à notre totale destruction quand il lui plaira. Alors la partie supérieure de notre âme a moins de vivacité pour les choses les plus agréables de la vie, et n'est quasi pas touchée de ce qui, dans un autre temps, feroit un plaisir bien sensible à notre amour-propre.

Voilà ce qui m'est tombé dans l'esprit ; mais, si vous écoutez Dieu, pour peu qu'il vous parle, la moindre de ses paroles interieures vous sera infiniment plus utile. Ouvrez-lui bien votre cœur, et ne désirez rien que lui : vous y trouverez toutes choses.

SUR L'AFFLICTION [1].

Pourquoi êtes-vous triste, ô mon âme ! et pour-
qnoi me troublez-vous ? Espérez en Dieu et consolez-vous, parce qu'il nous est encore permis, dans
notre douleur, de le bénir et de lui rendre la gloire
qui lui est due. Il est mon sauveur et mon Dieu.

Lorsque j'étois affligée, j'ai élevé ma voix au
Seigneur et il m'a exaucée. O Seigneur, soulagez
mon âme !

O mon Dieu ! est-il quelque chose dans le ciel et

[1] Nous ne savons pourquoi, en publiant cette pièce et la
suivante, auxquelles il a fait d'ailleurs des modifications assez
profondes, l'abbé Berthier leur a donné le titre de *Redditions
de Comptes*. Du reste, pour l'intelligence de ce mot, il convient de savoir que l'évêque de Chartres exigeait que madame
de Maintenon écrivît, chaque soir, tout ce qu'elle avait fait,
pensé, senti, voulu dans la journée. C'est là ce qu'on appelait
des *redditions de comptes*, et, à proprement parler, c'était le
journal de sa conscience. De même, elle écrivait, jour par
jour, le journal du *Conseil* tenu par le roi; mais elle jeta ces
deux journaux au feu, et l'abbé Berthier annonce que les
fragments de *reddition* qu'il a publiés étaient les *seuls restes*
de ces documents qui avaient été trouvés, écrits de la main de
madame de Maintenon, sur un papier à *demi brûlé*. Dans tous
les cas, heureusement pour notre petit livre, elle y avait co-
pié elle-même deux des redditions précitées.

sur la terre que je puisse désirer? Vous êtes le Dieu de mon cœur et mon partage pour toujours.

O mon âme! le Seigneur te suffira lui seul dans l'éternité; qu'il te suffise dans le temps.

Ne souffrez pas, mon Dieu, que j'aie ici-bas d'autre plaisir que de vous posséder, et d'autre regret que de vous perdre. La terre est le séjour des privations et le ciel sera le pays de la jouissance.

Quand on n'aime que Dieu, on ne doit être affligé que de lui déplaire; et sa volonté doit faire toute notre joie au milieu de toutes nos peines.

Béni soit Dieu, père de toute consolation, qui adoucit en nous toutes les amertumes de cette vie, et qui tourne en bien tous nos maux.

SENTIMENT SUR LA FAIBLESSE [1].

Quand je suis faible, dit saint Paul, c'est pour lors que je suis fort.

La vertu se perfectionne dans l'infirmité, et la force augmente par la faiblesse.

[1] De la main de madame de Maintenon.

Je me glorifierai dans mes infirmités, afin que la vertu de Jésus-Christ demeure en moi.

Plus le corps s'affaiblit, plus l'esprit de grâce peut se fortifier en nous.

Dans le christianisme, l'important n'est pas de beaucoup agir, mais de beaucoup aimer.

On aime beaucoup quand on cesse de s'aimer soi-même; et l'on cesse de s'aimer soi-même lorsque, se sentant affaiblir et comme détruire, on consent de bon cœur à sa propre destruction pour l'amour de Dieu.

Nous étions autrefois trop vifs; il est bon d'être à présent plus amortis et comme mourants.

LETTRE DE L'ÉVÊQUE DE CHARTRES.

Le jeudi saint [1].

A juger des choses humainement, on devrait vous estimer heureuse d'aller rejoindre la personne [2] dont la séparation vous avait si sensible-

---

[1] De la main de madame de Maintenon.

[2] L'abbé Berthier a mis : « d'aller rejoindre *l'homme*, etc. » Madame de Maintenon a écrit : « *La personne.* » Le mot est plus de situation et devait mieux sonner à l'oreille d'une dévote.

ment affligée; mais, selon l'esprit de l'Évangile, les jours d'affliction sont meilleurs que les jours de joie, et il faut plus de vertu pour bien user des consolations humaines que des peines et des souffrances. Je prie Notre-Seigneur qu'il soit toujours en tout temps le maître absolu de votre cœur; et je le bénirai surtout lorsque je verrai qu'il prendra soin de vous marquer au coin de sa croix : c'est le caractère des élus.

AUTRE LETTRE DE L'ÉVÊQUE DE CHARTRES.

Du 12 mai[1].

Lorsque vous ne pouvez éviter les visites, tâchez d'adoucir votre cœur pour les recevoir plus tranquillement dans l'ordre de Dieu, comme une croix qui vous sanctifie et qui soulage les autres en vous faisant souffrir.

On dit d'un grand serviteur de Dieu de ce siècle, que, sur la fin de sa vie, sa charité étant arrivée à son comble, il se regardoit comme une victime

---

[1] Copiée par madame de Maintenon.

dévouée à l'utilité publique ; qu'il se livroit, dans cet esprit, avec complaisance à tout le monde, et que, ne faisant mauvais visage à personne, il se faisoit l'esclave volontaire de chacun pour l'amour de celui qui, étant le maître absolu de tout, s'est fait le serviteur de tous.

C'est ce maître dont nous apprenons dans l'Évangile qu'étant pressé par une foule de peuple qui s'approchoit à l'envi de sa personne sacrée, il souffroit avec tant de bonté les empressements indiscrets de ce pauvre peuple, et qui disoit : « *Je* « *sens qu'il est sorti de moi une vertu secrète qui* « *porte avec elle la guérison.* »

Une personne bien chrétienne, qui recevroit avec un visage serein et un cœur tranquille tous ceux qui viendroient la chercher pour leurs intérêts, pratiqueroit une vertu qui guériroit l'esprit de bien des gens, et qui, en les édifiant, les consoleroit dans leurs maux, du moins par la bonté extérieure avec laquelle on paroîtroit y entrer en les écoutant. Un malheureux est à demi guéri quand on l'écoute, et on est trop heureux quand on peut faire plaisir à un cœur qui souffre.

AUTRE LETTRE DE L'ÉVÊQUE DE CHARTRES [1].

Du 23 mai.

Pour vous, madame, vous avez une mission perpétuelle à Saint-Cyr, où je prie Notre-Seigneur de vous donner de jour en jour de nouvelles bénédictions.

Vous les attirerez, madame, par une profonde humilité, par une fervente oraison, par une grande confiance en Dieu, par un zèle ardent de sa gloire, et par une patience à l'épreuve de toute la foiblesse humaine. C'est une grande vertu que de savoir supporter en charité les défauts qu'on ne peut tout à fait déraciner dans le prochain. On vient à bout de tout avec le temps en s'abandonnant à celui qui, seul, peut changer les cœurs; et cependant il faut s'user et se détruire soi-même à son service, en ne négligeant rien de ce que nous pouvons faire pour les âmes qui nous sont confiées.

[1] Copiée par madame de Maintenon.

AUTRE LETTRE DE L'ÉVÊQUE DE CHARTRES [1].

Je n'ai garde, madame, de vous refuser les conseils que vous me demandez, surtout dans une affaire aussi sainte et aussi importante que le discernement des desseins de Dieu sur votre âme, et votre avancement dans la véritable piété.

Il y a eu assurément beaucoup, du côté de Dieu, dans tout ce qui s'est passé en vous depuis le retour que la grâce vous a fait faire vers lui. Mais on a eu raison de vous dire qu'il ne falloit pas prendre pour inspirations ni pour mouvements de Dieu toutes les pensées qui nous venoient dans l'esprit. On auroit pu ajouter que, quand même ces mouvements auroient été formés dans le cœur par la grâce, ce n'étoit pas toujours une marque que nous dussions les suivre, puisque nous voyons bien que nous ne le pourrions faire sans nous jeter dans l'inquiétude et dans le trouble, qui est ce que Dieu ne veut pas. La prudence doit tout régler. Souvent Dieu nous montre des choses élevées au-dessus de nous, seu-

---

[1] Copiée par madame de Maintenon.

lement pour nous humilier et pour exciter notre
désir, comme nous voyons que l'on montre de loin
aux enfants de certains objets pour les attirer,
quoiqu'on ne veuille pas encore les leur donner,
parce qu'ils ne leur conviennent pas encore ; mais
on prétend leur apprendre à les estimer et les désirer jusqu'à ce qu'ils soient capables d'y at-
teindre.

Vous me demandez comment connoître tout cela?
c'est par l'obéissance, et c'est ce qui rend cette
vertu si nécessaire, principalement quand on est
conduit dans la voie par où Dieu semble vous attirer;
sans cela on est en danger, ou de manquer aux inspirations qui nous prescrivent la volonté de Dieu,
ou de tomber dans une multiplicité de pensées et
de vues qui nous fatiguent, qui font naître dans
l'intérieur une espèce de dispute et de chicane continuelle, et qui, enfin, nous faisant voir qu'il n'est
pas possible d'être toujours à se tourmenter ainsi
soi-même sur les moindres choses, ni de mener
une vie si gênée, nous jettent dans le décourage-
ment, dans la tiédeur : et c'est ce qui arrive particulièrement aux naturels vifs comme me paroît
être beaucoup le vôtre; et c'est en effet justement
ce qui vous est arrivé. Le remède, c'est de deman-

der promptement à celui qui a soin de votre âme,
à quoi vous devez vous en tenir; exposez-lui en
peu de paroles ce que vous croyez que Dieu demande de vous, et faites exactement ce qu'il vous
dira. Mais aussi bornez-vous, pour le présent, à
n'en pas faire davantage, de peur d'entreprendre
imprudemment par-dessus vos forces et de vous
accabler. Accomplissez cette parole de saint François de Sales : « Vous n'avez pas encore d'ailes
pour voler, contentez-vous de marcher à terre;
mais marchez toujours, et répondez aux inspirations qui vous porteront au-delà de vos bornes :
« ce n'est pas par infidélité que je ne fais pas cela,
« mais pour obéir. »

INSTRUCTION GÉNÉRALE DU PÈRE BOURDALOUE A MADAME
DE MAINTENON[1].

Ce 30 octobre 1688.

J'ai reçu la lettre que l'on m'a apportée de Fontainebleau, et, puisque vous voulez qu'en y répon-

---

[1] De la main de mademoiselle d'Aumale.

dant, non-seulement j'entre avec vous dans le détail, mais que je décide et que j'ordonne, suivant le détail même que vous me faites, je m'en vais ordonner et décider.

J'approuve tout à fait l'idée que vous avez conçue de la dévotion solide, et, pourvu que vous la remplissiez dans tous ses chefs comme elle est exprimée dans votre lettre, je ne crains pas que l'opposition que vous pourriez avoir à certains petits assujettissements vous éloigne jamais de Dieu : car c'est alors que vous éprouverez la vérité de ce qu'a dit saint Paul : « *Où est l'esprit du Seigneur, là est* « *aussi la liberté.* » Mais je voudrois que vous eussiez cette idée de dévotion solide toujours présente, que vous relussiez souvent votre lettre, que vous vous y attachassiez exactement, et c'est pourquoi je vous la garderai pour vous la renvoyer ou pour vous la rendre moi-même, afin qu'elle vous serve de règle et que vous puissiez y avoir recours dans tous les états de relâchement où il vous arriveroit de tomber.

Quand je vous ai parlé des exercices de piété auxquels je voulois que vous eussiez un attachement inviolable, j'ai entendu ceux dont l'ordre d'une vie chrétienne ne permet pas qu'on se dis-

pense; par exemple la prière du matin, celle du
soir, l'examen de la journée, tant pour la prévoir
que pour la repasser devant Dieu, la revue du mois,
le sacrifice de la messe, la préparation à la confession et à la communion; en un mot, les mêmes
choses à peu près que vous pratiquez et dans lesquelles vous me marquez qu'il est rare qu'on vous
dérange. Lorsqu'il sera donc question de ces devoirs, vous vous ferez un point de religion de vous
y assujettir, et, quoique votre naturel vif et actif
vous persuadât alors qu'une bonne œuvre seroit
quelque chose de meilleur que de vous forcer à attendre, avec un esprit distrait et un corps paresseux, que l'heure de votre sable soit écoulée [1], vous
attendrez qu'elle s'écoule, mortifiant cependant
votre esprit et votre corps, tâchant à surmonter
par votre ferveur l'inapplication de l'un et la paresse de l'autre, vous humiliant devant Dieu et vous
confondant de votre lâcheté à le prier; et, pour la
bonne œuvre, à moins qu'elle ne fût absolument

---

[1] La Beaumelle a mis : « que l'heure de *la table* soit *passée*, »
ce qui ne signifie absolument rien. Il est évident qu'il s'agit
ici du *sable* qui s'écoulait dans le *sablier* dont se servait probablement madame de Maintenon pour marquer la durée de
ses prières, à l'imitation de ce qui se faisait dans les cloîtres.

pressée et nécessaire, la remettant à un autre temps : car la maxime de saint Paul : « *Où est l'esprit du Seigneur, là est aussi la liberté,* » n'exclut pas la sainte violence qu'on doit se faire à soi-même pour s'appliquer et vaquer à Dieu. Sans cela, il seroit impossible d'éviter que la vie d'action ne fût pleine d'imperfections et ne se tournât en dissipation, quelque bonne intention qu'on eût de se préserver de ces deux désordres.

Hors de ces exercices que j'appelle privilégiés et qui tiennent, comme j'ai dit, le premier rang dans la vie chrétienne, pour tous les autres qui seroient de votre choix ou de votre dévotion, c'est la prudence, accompagnée de la charité, qui vous doit conduire et qui doit, par conséquent, dans l'usage que vous en ferez, faire cesser vos scrupules et vos inquiétudes. Ainsi, quand il vous prendra envie de vous renfermer pour méditer ou pour lire, et qu'on viendra, malgré vous, ouvrir votre porte pour une affaire dont vous serez interrompue, bien loin de vous troubler, vous vous soumettrez à l'ordre de Dieu, vous vous ferez un mérite de quitter Dieu pour Dieu, et, sans témoigner nul chagrin, avec un esprit libre, s'il est possible, et un visage égal, vous expédierez l'affaire dont il s'agit, édi-

fiant par votre douceur ceux qui ont dans ces rencontres à traiter avec vous, et vous persuadant que
d'en user ainsi vaut mieux pour vous que la méditation et la lecture que vous auriez continuée. De
même, quand vous aurez des lettres à écrire et
qu'elles ne seront pas d'une nature à ne pouvoir
être différées, vous abrégerez votre prière et vous
demeurerez tranquille.

Quand vous serez à Saint-Cyr et qu'il vous faudra
vaquer à quelque chose du règlement ou de l'intérêt de la maison, vous vous absenterez de vêpres
et n'en aurez aucune peine. C'est Dieu qui le veut
dans cette circonstance, et il lui faut obéir : car le
grand principe que vous devez établir est que la volonté de Dieu doit être la règle et la mesure de tout
ce que vous faites, et, jusque dans les plus petites
choses, que ce qui vous paroîtra être la volonté
de Dieu, soit toujours ce qui vous détermine. Or,
par là vous serez toujours en paix. Qu'importe
que vous agissiez ou que vous priiez, pourvu que
vous fassiez actuellement ce que Dieu demande de
vous !

J'entre fort dans votre sentiment que d'avoir
passé la journée à faire de bonnes œuvres c'est
avoir prié tout le jour, et c'est un des sens que les

Pères de l'Église donnent à ce précepte de Jésus-
Christ quand il dit, dans le chapitre XVIII de saint
Luc, *qu'il faut toujours prier sans cesser jamais de
faire;* mais ce que vous m'ajoutez du plaisir que
votre naturel bienfaisant vous fait prendre à ces
bonnes œuvres, m'oblige à vous donner deux avis
qui me paroissent en ceci bien essentiels. L'un,
qu'afin que ces bonnes œuvres vous tiennent lieu
de prière, et c'est en effet une espèce de prière, il
ne suffit pas de les faire par l'attrait du plaisir que
vous y prenez, car cela devroit plutôt vous les
rendre suspectes et vous faire craindre qu'elles ne
fussent purement humaines et naturelles ; mais il
faut que vous les rapportiez à Dieu, en les faisant
par des motifs dignes de Dieu, dans la vue de le
glorifier, de racheter vos péchés, de réparer ces
années malheureuses données au monde : car il
est évident qu'agir avec ces intentions, c'est prier.
L'autre, qu'il faut que vous fassiez ces bonnes
œuvres avec discernement, c'est-à-dire que vous ne
consumiez pas les talents, l'esprit et le crédit que
Dieu vous a donnés à faire de bonnes œuvres peu
considérables pendant que vous en pouviez faire de
plus importantes que vous ne faites peut-être pas,
c'est-à-dire que les bonnes œuvres de votre goût et

qui coûtent peu, ne vous détournent pas de celles
qui seroient plus utiles mais qui vous coûteroient
aussi plus de soins et plus de peines, ce qui est
peut-être la cause de la répugnance que vous y
avez : car dans la place où Dieu vous a mise, il ne
se contente pas que vous fassiez du bien, il veut
que vous fassiez de grands biens, et, comme saint
Chrysostome disoit en parlant de l'aumône, qu'il
falloit craindre qu'au lieu d'être récompensé pour
avoir donné, on ne fût un jour puni pour avoir
donné trop peu. Aussi devez-vous prendre garde
qu'après avoir fait quelque bien, vous ne soyez
encore coupable de n'en avoir pas fait assez ou
plutôt de n'avoir pas fait celui que Dieu attendoit
particulièrement de vous.

Je ne vous dis point ceci pour vous inquiéter ni
pour vous embarrasser, mais pour vous encourager et pour exciter votre zèle. C'est à vous à examiner devant Dieu ce que vous pouvez et de quoi
vous êtes capable ; et c'est à vous de profiter des
occasions que la Providence vous fera naître pour
parler et agir utilement : car c'est alors que
votre action sera une excellente prière ; mais
c'est pourtant dans la prière même et dans la
communication avec Dieu que vous devez vous

préparer et prendre des forces pour ce genre d'action.

Quoique la posture dans laquelle on prie ne soit pas absolument de l'essence de la prière, elle ne doit pas cependant être négligée, car le corps, aussi bien que l'esprit, doit contribuer à honorer Dieu et à lui rendre même extérieurement le culte que nous lui devons, la religion que nous professons n'étant pas, dit saint Augustin, la religion des anges mais des hommes : c'est ce que toute l'Écriture nous enseigne et ce que l'expérience même nous fait sentir. Suivant ce principe, quelque faible que vous soyez, à moins que vous ne fussiez tout à fait malade, vous commencerez au moins votre prière à genoux pour la continuer ensuite, s'il est besoin, dans une posture plus commode, mais pourtant honnête et respectueuse, vous souvenant toujours que vous êtes devant Dieu et que vous lui parlez : car pour la prière du lit, vous ne vous y réduirez que dans l'état de maladie, pendant laquelle je conviens que les aspirations fréquentes sont la manière de prier, non-seulement la plus facile, mais la meilleure. Je ne dis pas qu'il ne soit bon de prier dans le lit puisque David, qui était un homme selon le cœur de Dieu, l'a ainsi conseillé et pratiqué, comme il paroît en tant d'endroits de ses psaumes. Mais je dis que de prier seulement dans le lit est une espèce de mollesse et d'irrévérence ; que cela n'est excusable que dans les maladies et nullement chez ceux qui se portent bien, quoiqu'on se flatte de prier pour lors avec plus d'attention, ce qui est un prétexte ou un artifice de l'amour-propre qui se cherche jusque dans les choses les plus saintes.

Quand donc il vous arrivera de vous coucher devant les personnes que vous me marquez [1], ne vous dispensez point pour cela de faire à Dieu au moins une prière courte avant de vous mettre au lit. Cette régularité les édifiera et leur pourra être une fort bonne instruction.

Je trouve très-bon que, pour fixer votre esprit dans l'oraison, vous écriviez, en la faisant, les lumières et les vues que Dieu vous y donne. C'est un moyen très-propre, non-seulement à vous appliquer dans le moment au sujet que vous méditez, mais pour en conserver le souvenir et pour en pouvoir plus longtemps profiter, relisant après les choses

---

[1] La Beaumelle, — cet enfant terrible, — a mis : « Quand donc il vous arrivera de vous coucher devant *la personne* que vous me marquez. » On n'est trahi que par les siens.

dont vous aurez été touchée. Il faut seulement
prendre garde que l'application que vous aurez
à écrire, à force d'occuper votre esprit, ne des-
sèche votre cœur et ne l'empêche de s'unir à
Dieu par des affections vives et tendres, dans
lesquelles consiste l'essentiel de l'oraison ; car
alors ce que vous appelez oraison deviendrait
étude, et ce ne serait plus prier mais composer.
Si vous évitez cet inconvénient, l'écriture jointe
à l'oraison, à l'examen de votre conscience et aux
autres exercices intérieurs, vous pourra être d'un
très-grand fruit, et je conçois en particulier que
votre dernière lettre, prise de la sorte, en même
temps que vous l'écriviez, étoit pour vous une
véritable oraison ; mais je suppose toujours que
le cœur en fut occupé aussi bien que l'esprit, et
même encore plus que l'esprit : car encore une
fois, dans l'oraison l'esprit ne doit agir que pour
le cœur.

Vous voulez que je vous règle le temps que vous
donnerez à la prière. Le voici : Quand vous vous
porterez bien, vous vous en tiendrez à celui que
vous avez jusqu'à présent observé vous-même, qui
va, dites-vous, à une heure. Une heure pour vous,
c'est assez ; il s'agit de la bien employer et que

Dieu n'ait pas à vous faire le reproche que Jésus-Christ fit à saint Pierre : « *Quoi! vous n'avez pu* « *veiller une heure avec moi!* » Quand vous serez indisposée ou languissante, c'est l'état de vos forces qui vous réglera; mais ce que vous ne pourrez faire alors d'une façon, vous le ferez de l'autre : car la souffrance avec soumission et avec une résignation parfaite de votre volonté à celle de Dieu, sera une prière bien plus longue et plus continuelle que celle que vous feriez dans votre oratoire ou au pied des autels.

Quand vous ne serez pas maîtresse de votre temps, —car il vous doit être indifférent que vous le soyez ou non, — vous en donnerez à la prière autant que vous le pourrez, et Dieu sera content de vous. Pourquoi donc, en ce cas-là, seriez-vous dans le trouble? Vous craignez que la peine d'être importunée ne vous fasse prier Dieu dans votre chambre, plutôt que d'aller aux saluts qui se disent dans les Églises. En effet, vous pouvez manquer en ceci, et dans la substance de la chose et dans le motif; dans la chose, car il est à propos que vous alliez quelquefois à ces saluts, quand ce ne serait que pour donner l'exemple en vous conformant à la dévotion publique; — je dis quelquefois, comprenant bien que très-souvent vous aurez des empêchements légitimes et de justes raisons de n'y pas aller. — Dans le motif, car il ne vous est pas permis d'appréhender si fort l'importunité, laquelle vous devez regarder, dans l'ordre de Dieu, comme une dépendance de votre état, cette peur trop grande d'être importunée ne pouvant venir que d'un fond d'orgueil secret ou d'amour excessif de votre repos et étant, par conséquent, directement opposée à l'humilité, à la charité, à la mortification chrétienne. Il faut donc la modérer en vous oubliant un peu vous-même et vous abandonnant un peu davantage à la conduite de Dieu, dont les desseins sont quelquefois attachés à ce qui vous importune. En combien de rencontres y avez-vous peut-être manqué pour vous être sur cela trop écoutée? et combien la fuite de l'importunité vous a-t-elle fait perdre d'occasions heureuses de rendre à Dieu et au prochain des services importants que vous voudriez leur avoir rendus! Il faut vous faire une vertu de souffrir qu'on vous importune, d'aimer à être importunée pour de bons sujets et de ne craindre que l'inutilité de ce qui est pour vous importunité.

Vous avez très-bien fait d'omettre, depuis deux

mois, la pénitence que vous vous étiez prescrite. Comme je suppose que vous avez pris en esprit de pénitence le mal que Dieu vous a envoyé, il vous a dû être une pénitence d'autant plus salutaire et d'autant plus sûre qu'elle n'a pas été de votre choix, mais de celui de Dieu. Cela n'empêchera pas que vous ne repreniez l'autre quand votre santé sera rétablie; mais il faut qu'elle le soit parfaitement, car autrement je n'y consens point, aimant bien mieux que, jusque-là, vous redoubliez en vous le désir et même les pratiques de la pénitence intérieure à laquelle vous devez principalement vous attacher.

Il me semble que voilà à peu près les choses sur lesquelles vous m'avez consulté; et vous ne vous plaindrez pas que je ne sois pas entré dans le détail.

AUTRE INTRUCTION DE BOURDALOUE A MADAME
DE MAINTENON [1].

Je demeure d'accord avec vous qu'une dévotion
qui ne consisteroit que dans un certain arrangement, seroit quelque chose de bien superficiel et
dont vous ne devriez être nullement contente : car,
quoique l'arrangement soit bon en tout, jusqu'à
un certain point, et qu'il ne faille pas le négliger,
il doit pourtant supposer un certain fonds plus solide, et ce fonds doit être en vous un amour véritable de la pénitence, un parfait détachement de
vous-même, un zèle ardent de la gloire de Dieu,
une charité tendre pour le prochain, une humilité
sincère, un attachement inviolable à vos devoirs,
même les plus pénibles, une entière soumission
aux ordres de la Providence, une préparation à
tout souffrir, et aux autres choses que j'y pourrois
ajouter. Or tout cela se peut pratiquer dans les
états même où votre arrangement viendroit à cesser : car il m'est évident, par exemple, que dans

[1] De la main de mademoiselle d'Aumale.

la maladie, une partie de tout cela, pour peu qu'on soit fidèle à la grâce, se pratique non-seulement aussi bien, mais encore mieux et avec moins de mélange d'amour-propre que dans la santé.

Servez-vous donc des lumières que Dieu vous donne sur ce point, et, profitant de votre expérience propre, faites-vous un plan de dévotion qui soit indépendant de tout, c'est-à-dire que vous puissiez maintenir, et dans l'infirmité et dans la santé, et dans les embarras des affaires et dans le repos, et dans la bonne humeur et dans le chagrin : car il me semble qu'un excellent moyen pour cela est de faire consister votre dévotion à accomplir la volonté de Dieu, selon l'état présent où Dieu vous met : car Dieu, selon les états différents où vous vous trouvez, demande de vous de certaines choses dont votre perfection actuelle dépend, et qui valent mieux pour vous que celles qui seroient plus de votre goût et plus conformes à vos idées. Il ne s'agit donc, pour lors, que de vous appliquer à reconnaître cette volonté de Dieu et à l'accomplir.

MAXIMES EXTRAITES DES LETTRES DE M. DE LA CHÉTARDIE, CURÉ
DE SAINT-SULPICE, A MADAME DE MAINTENON [1].

Il faut donner de la consolation sans vouloir la partager, et partager les peines d'autrui sans lui en donner.

La tristesse qui serre le cœur est plus utile que la joie qui le dilate. Le sage dit qu'il vaut mieux être appelé à des funérailles qu'à des noces.

C'est un double gain et un double honneur, d'être accablée de mauvaises nouvelles et d'être chargée de consoler les autres.

C'est une marque visible de prédestination de passer de souffrance en souffrance et de porter sa croix chaque jour. A Dieu ne plaise que vous soyez autrement!

[1] De la main de mademoiselle d'Aumale.
Joachim Trotti de la Chétardie naquit en 1636, en Angoumois, et mourut en 1714. Il avait été nommé, en 1702, à l'évêché de Poitiers, qu'il refusa. Il a publié trois volumes d'*Homélies*, l'ouvrage connu sous le nom de *Catéchisme de Bourges*, 2 vol. in-12; *Explication de l'Apocalypse*, in-4; *Entretiens ecclésiastiques*, 4 vol. in-12 La plupart de ces ouvrages sont pleins d'onction et de solidité.

Heureux celui qui ne fait sentir ses peines à personne et qui ressent celles d'autrui ! Heureux qui
ne cherche de consolation de personne, et qui tâche
d'être la consolation des autres !

Tout ce que l'homme dit n'est que mensonge
quand il le tire de son propre fonds.

Heureux ceux qui, sans étudier les profondeurs
de la grâce, s'étudient à être humblement fidèles
à la grâce !

Nous ne sommes pas tellement revêtus de Notre-
Seigneur que nous ne portions encore bien des hail-
lons de notre premier père.

La bonne œuvre qu'on fait pour le prochain est
souvent plus utile à celui qui la fait qu'à celui pour
qui on l'a faite.

Nous ne sommes jamais plus utiles au prochain
que par notre douceur et par notre patience.

Celui qui ne gémit point dans son exil ne se ré-
jouira point dans sa patrie.

Il est difficile de séparer le mépris du vice d'avec
le vicieux ; mais en séparant l'œuvre du Créateur
d'avec l'œuvre de la créature, on accorde l'amour
et la haine envers le même objet.

On diminue le mérite de la patience quand on

rompt le silence ; c'est une essence qui s'évapore par là.

Il est contre l'amour que nous devons à Dieu de nous occuper de choses qui ne vont qu'à satisfaire la curiosité.

Ceux dont l'âme est dans les sens sont peu capables des choses de Dieu.

L'amour des biens particuliers nous fait perdre le bien souverain et universel.

Il y a grande différence entre ce que nos actions sont aux yeux de Dieu et ce qu'elles paraissent être aux yeux des hommes.

La religion ne permet pas de s'arrêter aux prédictions des astrologues.

L'imagination fait grand tort à la raison.

Les livres profanes inspirent l'orgueil à mesure qu'ils augmentent les connaissances, au lieu que l'Écriture sainte inspire l'humilité à ceux qu'elle instruit.

Ce n'est pas assez que l'esprit soit convaincu, il faut que le cœur soit gagné.

Nous voyons ce qui entretient nos misères, et nous n'avons pas le courage d'y renoncer.

On ne commence à vouloir connoître son iniquité que lorsque le cœur commence à se changer.

Quand on ne connoît point d'autre plaisir que dans le péché, l'état de ceux qui s'en retirent fait peur.

On ne fait que changer de plaisir quand on se donne à Dieu tout de bon, et on gagne même beaucoup au change.

Tous nos soins sont bien peu de chose si Dieu n'agit.

La charité cherche toujours à mettre la paix partout.

Pour revenir à la vérité, il faut commencer par reconnoître son égarement. La sincérité et la modestie font plus d'honneur que la science.

Peu de gens prennent pour eux ce qu'ils lisent dans l'Évangile, quoiqu'il s'adresse à tout le monde.

Les saints ont leurs plaisirs, et ce n'est que faute de les connoître que l'on craint de se donner à Dieu.

L'éducation des enfants demande un juste milieu entre la sévérité et l'indulgence.

Les conséquences des moindres mauvaises habitudes vont loin.

Ceux qui se fient aux paroles de Jésus-Christ en éprouvent la vérité.

On seroit bientôt guéri si on ne craignoit point de l'être.

Le changement du cœur ne se fait point sans de grandes agitations.

La bonté de Dieu pour les siens va plus loin que leurs demandes.

C'est une tentation de curiosité que de souhaiter de voir des miracles.

Nous ne devons pas compter ne point tomber, mais sur la grâce que Dieu nous fait de nous relever quand le fond de notre cœur est à lui.

Dieu se cache à ceux qui veulent autre chose que lui.

On voudroit jouir de Dieu, mais on voudroit aussi jouir des créatures, et c'est ce qui n'est pas possible.

Les saints ont plus de soin de conserver la charité que de faire valoir leurs opinions.

Les saints mettent la charité et l'union au-dessus de tout.

L'intelligence est la récompense de la soumission.

C'est la disposition du cœur qui fait tout ce qu'il y a de bon dans l'assistance que l'on donne à ceux qui en ont besoin.

Il n'y a que Dieu qui puisse nous faire comprendre ce qu'il est pour nous.

Nos misères augmentent à proportion que nous entrons plus avant dans le commerce des hommes.

Tout ce qui occupe les hommes n'est qu'amusement d'enfants.

Nous sommes sensibles à tout, hors à nos véritables misères.

Il faut contribuer à la joie du prochain sans y participer.

A SON ALTESSE ROYALE MADAME MARIE-ADÉLAIDE
DE SAVOIE [1].

De Turin, le 28 septembre 1696 [2].

Madame,

Quoique je ne juge pas nécessaire de donner des avis à Votre Altesse Royale pour la direction de son

---

[1] De la main de Nanon.

[2] Adélaïde de Savoie allait quitter Turin pour venir en France où l'attendait son fiancé, le duc de Bourgogne, lorsque,

âme, soit parce que vous en avez reçu suffisamment tant de vive voix que par écrit pour l'état
présent où vous êtes, soit parce qu'on n'observe pas
partout les mêmes coutumes puisque, sauf les pré-
ceptes divins qu'on doit également suivre et res-
pecter en tous lieux, il s'en trouve qui sont en
usage dans un pays et qui ne le sont point dans un

---

d'après ses ordres, Sébastien Valpré, son confesseur, lui donna
l'*Instruction* qui suit. Elle avait alors douze ans à peine.
Louis XIV, avec une partie de la Cour, alla au-devant d'elle
jusqu'à Montargis. L'historique de cette réception est consigné
dans le journal de Dangeau, (4 novembre 1696); et, le soir
même, le roi écrivit de Montargis à madame de Maintenon, qui
était restée à Fontainebleau, une lettre, qu'on a conservée et
où il lui exprime le ravissement que lui avait causé la jeune
princesse, dont il énumère avec complaisance les grâces naïves
et les mille agréments[1]. Du reste, Dangeau ne néglige rien
pour nous la faire aimer par le compte rendu qu'il fait de
ses moindres actions. De son côté, Saint-Simon nous en a
laissé un portrait peint avec une magie de style et une fraîcheur
de pinceau qui n'a pas vieilli, mais où il mêle quelques ré-
serves. Assurément, la duchesse de Bourgogne commit des
imprudences; elle fut légère, un peu coquette; elle cédait en
cela à l'entraînement de son âge et de l'exemple; mais fut-elle
réellement coupable? Oublia-t-elle ses devoirs avec le beau
Nangis ou le brutal Maulevrier? Nul ne pourrait l'affirmer. Au
surplus, elle mourut à la fleur de l'âge, en femme forte et résignée; et, six jours après, son mari la suivit dans la tombe.
(12 et 18 février 1712).

[1] Voyez cette lettre plus loin, page 290.

autre; soit parce qu'il est à propos de donner diverses instructions selon la différente situation de la personne et de l'âge de celui qu'on veut diriger, puisque les avis qui conviennent à une grande princesse ne peuvent pas tous convenir à une personne d'un autre état, et que ceux que l'on donne à un particulier sont entièrement différents de ceux que l'on doit donner à une personne qui n'est pas à elle mais au public; soit, enfin, parce que celui qui aura l'honneur de prendre ma place auprès de vous, et de diriger votre âme, vous pourra donner des avis plus justes, ayant attentivement considéré l'âge, la situation, le pays et les autres circonstances.

Néanmoins, madame, pour obéir aux ordres de Votre Altesse royale, j'ai mis ensemble ces petits *Mémoires* qui pourront vous servir d'*Instruction* jusqu'à ce qu'un nouveau directeur vous en fournisse de plus convénables et de plus à propos.

Premièrement, que V. A. R. tâche de ne point perdre le temps, qui est d'autant plus précieux qu'il s'envole comme un éclair et que sa perte ne peut se réparer. Faites-en un si bon usage, qu'il puisse vous servir pour toute l'Éternité ; enfin, partagez

le jour d'une manière convenable à la condition
d'une princesse qui souhaite de croître de plus en
plus en vertus et en perfections chrétiennes. Don-
nez-en une partie à la dévotion, une autre à vos
occupations, et une autre à des plaisirs modérés et
à des entretiens propres à votre état.

Donnez au sommeil et au repos autant de temps
qu'il en faut, réglant et rapportant tout à la gloire
de Dieu, afin que les œuvres de dévotion, les occupations, les entretiens, les pensées, paroles et actions de V. A. R. contribuent au profit de son âme.

Secondement, la bonne dévotion ne doit point être
une dévotion affectée, une dévotion purement de
grimace que l'usage nous force d'avoir; mais on
doit prier avec application, attention, révérence et
modestie, afin que Dieu reçoive l'hommage de nos
prières, et qu'elles servent d'édification aux hommes.

Troisièmement, que V. A. R. tâche que sa dévotion
n'ait rien d'austère, mais qu'elle soit, au contraire,
pleine d'une joie sainte. Selon l'avis de l'apôtre
saint Paul, il faut une dévotion solide qui, non
contente d'un extérieur exemplaire, conserve encore l'extérieur pur et sans tache, puisque nous

avons à rendre compte à un Dieu qui voit non-seulement l'extérieur, mais encore l'intérieur de nous-mêmes.

Quatrièmement, que V. A. R. n'affecte point une dévotion extraordinaire, mais au contraire que sa dévotion soit douce et aisée selon les avis de la sainte Église et les bons avis de votre confesseur, qui vous dira en temps et lieu avec prudence, science, zèle et bonté, ce qui concerne la dévotion, laquelle, quand elle est véritable, sait s'accommoder à l'état de toutes sortes de personnes, et donne des enseignements convenables pour les différentes sortes d'exercices et de dignités annexés à la vocation où Dieu nous appelle. S'il se rencontre des difficultés, une dévotion de la sorte donne du courage pour les surmonter; si elles sont trop vives, elle nous fournit des moyens pour les adoucir en nous donnant la promptitude nécessaire pour faire diligemment ce que Dieu nous commande et exige de nous, nous faisant jouir avec un cœur humble de la prospérité, et souffrir l'adversité avec un visage serein.

Voilà ce que j'avais à dire à V. A. R. touchant la dévotion.

16.

Cinquièmement, V. A. R. doit vaquer à ses occu-
cupations avec la perfection qu'exige l'éclat élevé
où Dieu l'a fait naître, lui offrant toutes ses actions,
afin que, jusqu'aux choses indifférentes, tout vous
soit méritoire auprès de lui.

Sixièmement, quand V. A. R. se trouvera accablée
d'occupations, ce qui pourra arriver quelquefois,
rien ne vous soulagera comme de vous y appliquer
avec autant de tranquillité que si vous n'en aviez
qu'une, donnant la première place à la plus importante ; et si quelque trouble ou inquiétude s'élève
dans votre âme, il sera à propos de lui rendre le
calme avec quelques réflexions dévotes, afin que
toutes vos actions soient faites avec l'exactitude
nécessaire, soit que vous travailliez à la broderie,
soit que vous maniiez l'aiguille ou le fuseau, soit
que vous écriviez ou lisiez, ou que vous soyez oc-
cupée à quelque autre chose convenable à l'état
d'une princesse chrétienne.

Septièmement, les moments de plaisir et d'entretien sont, en leurs genres, très-nécessaires pour se
délasser des occupations et des fatigues qui affai-
blissent le corps et rendent l'âme languissante ; on

doit les regarder, non comme une fin principale, mais comme un moyen utile pour son soulagement, eu égard toujours à la dignité de la personne qui se réjouit ; et, afin que l'esprit en retire aussi quelque utilité, il seroit à propos d'élever de temps en temps son âme à Dieu, avec quelques courtes oraisons jaculatoires, comme : « Mon Dieu, je vous aime de tout mon cœur ; mon Dieu, je vous rends grâces ! » et autres semblables, selon la dévotion qu'on a dans le cœur.

Huitièmement, vous ayant donné les instructions générales pour mieux m'accommoder au profit et au désir de V. A. R., je vais maintenant entrer dans le détail et m'étendre sur la distribution de votre temps.

Neuvièmement, après avoir pris le repos nécessaire, V. A. R. élèvera en s'éveillant son âme à Dieu, le remerciera de ses bienfaits, s'offrira tout entière à lui, lui demandera la grâce de ne point l'offenser. Si vous vous réveillez avant le temps, après avoir élevé votre cœur à Dieu, vous tâcherez de vous rendormir pour jouir du repos qui lui est nécessaire.

Dixièmement, quand vous vous lèverez et que vous vous habillerez, il seroit à propos que vous n'eussiez auprès de vous d'autres personnes que celles qui vous seront utiles pour vous servir. V. A. R. n'ignore pas ce que pratiquoient, en cette occasion, les sérénissimes infantes de Savoie, qui pensoient à l'âme pendant qu'elles ornoient le corps.

Onzièmement, V. A. R. récitera ses prières avec attention et dévotion ; elle ne se servira pas de plusieurs oraisons vocales pour avoir plus la commodité de les réciter dévotement.

Douzièmement, vous aurez le soin de joindre aux oraisons vocales quelque peu de méditation. Il seroit à propos que vous la fissiez sur quelque mystère de la passion de Jésus-Christ, ou comme mieux vous conseillera le pieux directeur entre les mains duquel vous serez.

Treizièmement, entendez la messe tous les jours, si vous le pouvez. V. A. R. sait la dévotion, la modestie et le respect avec lesquels on doit assister à ce mystère et à ce sacrifice redoutable, particulièrement depuis la consécration jusqu'à la consommation.

Quatorzièmement, vous tiendrez dans votre cabinet quelques livres dévots pour les lire à votre commodité et quand vous croirez en avoir besoin ; et pour faire choix de ces livres ou manuscrits, V. A. R. prendra les avis d'un sage et discret confesseur.

Quinzièmement, après Dieu, V. A. R. aura un grand respect pour tous les chefs de son illustre famille. Vous agirez toujours envers eux avec la vénération, la confiance, la déférence et la dépendance qui leur est due, afin que, dans toutes vos résolutions, il ne se trouve rien qui puisse leur déplaire.

Seizièmement, V. A. R. n'oubliera pas, dans ses repas, la sobriété et la tempérance si nécessaires, non-seulement à l'âme, mais au corps. Il seroit bien, en cette occasion, de faire quelques petites mortifications, ne seroit-ce que de la moindre partie d'une chose qui vous feroit plaisir ; et vous ne permettrez point qu'on tienne devant vous des discours qui ne se doivent point tenir, détournant

prudemment le sujet de la conversation autant que
vous pourrez. Je suppose pourtant que V. A. R.
n'entendra que des discours qui lui puissent être
profitables.

Dix-septièmement, tout le monde doit fuir l'oisiveté, et spécialement les personnes qui vivent dans
les commodités, les grandeurs et les délices. V. A.
R. fera en sorte d'avoir toujours quelques ouvrages
pour s'occuper, préférablement pour le service des
églises et des lieux pieux.

Dix-huitièmement, quand vous rendrez quelques
visites ou quand on vous en rendra, vous vous com-
porterez de façon que, dans votre examen de conscience, vous ne trouviez rien qui puisse vous
donner de l'inquiétude ou du remords, édifiant
toutes les personnes qui auront l'honneur d'être
avec vous.

Dix-neuvièmement, quand on vous demandera
quelques grâces, que vous les accordiez ou non,
faites votre réponse de telle manière que tout le
monde, autant que vous pourrez, s'en retourne ou
content ou consolé. Usez toujours de paroles gra-

cieuses et pleines de bonté, suivant les occasions, conservant toujours cette dignité qui convient si bien à une gravité affable, ayant cependant égard à la condition des personnes à qui vous avez affaire.

Vingtièmement, V. A. R. se rendra familières les oraisons jaculatoires, pour avoir le cœur recueilli en Dieu parmi les occupations et les troubles de la cour, ces oraisons étant d'un grand secours en tous lieux et en tout temps.

Vingt-et-unièmement, le soir, un bref examen de conscience avec quelques oraisons vocales avant d'aller prendre du repos, servira à rendre à votre esprit la tranquillité que les occupations du jour auroient pu lui ôter.

Vingt-deuxièmement, que V. A. R., autant qu'elle pourra, aide les pauvres, secoure les lieux pieux, les religieux et religieuses, lesquels, après avoir abandonné les commodités du siècle, souffrent beaucoup; les aumônes leur seront d'un grand soulagement, et à V. A. R. d'un grand profit dans le ciel.

Vingt-troisièmement, ayez une singulière dévotion aux plaies de Notre-Seigneur Jésus-Christ. Outre l'obligation générale, V. A. R. en a une particulière qu'elle ne doit jamais oublier ; je veux dire la mémoire du Saint-Suaire qu'on garde dans sa royale maison ; et quoique V. A. R., selon les apparences, doive en être éloignée longtemps de corps, j'espère qu'elle y sera toujours présente de cœur ; je suis persuadé qu'elle voudra toujours en avoir auprès d'elle quelque portrait, afin qu'il soit plus profondément gravé dans son âme.

Vingt-quatrièmement, outre la sainte Vierge, mère de Dieu, V. A. R. se choisira quelques saints et saintes pour lui servir d'avocats et d'avocates auprès de Dieu, comme serait sainte Anne, sainte Geneviève, saint Joseph, saint Philippe de Néri, le bienheureux Amédée. Ayez une singulière confiance en votre bon ange et saint Michel, archange protecteur de la France. N'oubliez pas surtout de secourir de vos prières et de vos suffrages les âmes du purgatoire.

Vingt-cinquièmement, pour la fréquentation des sacrements, je ne vous donne aucun avis. V. A. R.

sait l'usage qu'elle en faisoit en cette ville. Pour
l'avenir, vous ferez ce que vous conseillera votre
nouveau confesseur, lequel ayant les qualités que
souhaitoit saint François de Sales, comme je dois
supposer que les aura celui dont on fera choix,
vous sera d'un grand secours, et vous aidera beaucoup à croître en vertus et en perfection, et à plaire
de plus en plus à Dieu. Comme Dieu est en tous
lieux, V. A. R. continuera d'avoir pour lui les
mêmes respects et la même dévotion, pour vous le
rendre propice le reste de vos jours, afin qu'après
une longue vie, pleine d'actions méritoires pour
son salut, V. A. R. soit reçue dans le ciel pour aimer Dieu et en jouir éternellement.

Conclusion. Que V. A. R. se ressouvienne qu'elle
n'a qu'une âme et que cette âme est éternelle :
qu'une fois perdue, elle l'est pour toujours, et
qu'une fois sauvée, elle n'est plus en danger de se
perdre ; qu'elle se ressouvienne qu'elle a une âme
pour qui Jésus-Christ a donné son sang et sa vie ;
qu'elle en ait le soin que ce même Dieu mérite et
exige, comme j'espère qu'elle fera, et que dans les
occasions, elle prenne des avis de ceux qu'elle doit
consulter, afin qu'elle ne fasse point de faute dans

une affaire d'aussi grande importance que l'est celle du salut.

Voilà, madame, ce que j'ai cru devoir représenter à V. A. R., le peu de temps que j'ai eu ne m'ayant donné la commodité de mettre ces petits enseignements en meilleur ordre. Je l'ai fait pour obéir aux commandements de V. A. R. que je ne manquerai pas de recommander à Dieu tout le temps de ma vie, afin qu'il la comble de bénédictions et de prospérités en tous lieux et en tout temps; et je lui fais une profonde révérence.

De Votre Altesse royale,

Le très-humble, très-obéissant
et très-fidèle serviteur :

Sébastien VALFRÉ.

Voici la Lettre de Louis XIV à Madame de Maintenon, dont il a été parlé à la note de la page 278 :

A Montargis, ce dimanche au soir, à six heures
et demie, 4 novembre 1696 [1].

« Je suis arrivé ici devant cinq heures; la princesse n'est venue qu'à près de six. Je l'ai été recevoir en carrosse. Elle

[1] L'original autographe de cette lettre se trouve à la bibliothèque du Louvre, F 568, f° 2 et suiv. — Elle a été imprimée par M. Monmerqué,

m'a laissé parler le premier, et après m'a fort bien répondu, mais avec un petit embarras qui vous auroit plu. Je l'ai menée dans sa chambre au travers de la foule, la faisant voir de temps en temps en approchant les flambeaux de son visage. Elle a soutenu cette marche et ces lumières avec grâce et modestie. Nous sommes enfin arrivés dans sa chambre, où il y avait une foule et une chaleur qui faisaient crever. Je l'ai montrée de temps en temps à ceux qui s'approchoient, et je l'ai considérée de toutes manières pour vous mander ce qu'il m'en semble.

« Elle a la meilleure grâce et la plus belle taille que j'aie jamais vues, habillée à peindre, et coiffée de même; des yeux vifs et très-beaux, des paupières noires et admirables; le teint fort uni, blanc et rouge, comme on le peut désirer; les plus beaux cheveux blonds que l'on puisse voir, et en grande quantité. Elle est maigre, comme il convient à son âge; la bouche fort vermeille, les lèvres grosses, les dents blanches, longues et très-mal rangées, les mains bien faites, mais de la couleur de son âge. Elle parle peu, au moins à ce que j'ai vu; n'est point embarrassée qu'on la regarde, comme une personne qui a vu le monde. Elle fait mal la révérence et d'un air un peu italien; elle a quelque chose d'une Italienne dans le visage, mais elle plaît; je l'ai vu dans les yeux de tout le monde. Pour moi, j'en suis tout à fait content.

« Elle ressemble fort à son premier portrait et point du tout à l'autre. Pour vous parler comme je fais toujours, je la trouve à souhait et serais fâché qu'elle fût plus belle. Je le diroi encore : tout plaît, hormis la révérence.

« Je vous en dirai davantage après souper : car je remarquerai bien des choses que je n'ai pas pu voir encore. J'oublios de vous dire qu'elle est plutôt plus petite que grande pour son âge. Jusqu'à cette heure j'ai fait merveilles; j'espère

dans un recueil tiré à un petit nombre d'exemplaires, pour les *Bibliophtles français*, sous ce titre : *Lettres de Louis XIV à madame de Maintenon.* 1 vol. in-8; Didot, 1822.

que je soutiendroi un certain air aisé que j'ai pris, jusqu'à
Fontainebleau, où j'ai grande envie de me retrouver.

A dix heures.

« Plus je vois la princesse, plus je suis satisfait. Nous avons
été dans une conversation publique où elle n'a rien dit : c'est
tout dire. Je l'ai vu déshabiller; elle a la taille très-belle, on
peut dire parfaite, et une modestie qui vous plaira. Tout s'est
bien passé à l'égard de mon frère. Il est fort chagrin; il dit
qu'il est malade. Nous partirons demain à dix heures et demie
ou onze heures; nous arriverons à cinq heures au plus tard.

« Je suis bien content. [Rien] que de bien à propos en ré-
pondant aux questions qu'on lui faisoit. Elle a peu parlé, et la
duchesse du Lude m'a dit qu'elle l'avoit avertie que le premier
jour elle feroit bien d'avoir une grande retenue. Nous avons
soupé; elle n'a manqué à rien et est d'une politesse surpre-
nante à toutes choses; mais à moi et à mon fils, elle n'a manqué à rien et s'est conduite comme vous pourriez faire. J'espère
que vous la serez aussi. Elle a été regardée et observée, et
tout le monde paroît satisfait de bonne foi. L'air est noble et
les manières polies et agréables. J'ai plaisir à vous en dire du
bien : car je trouve que, sans préoccupation et sans flatterie,
je le peux faire et que tout m'y oblige. Ne voulant dire tout
ce que je pense, je vous donne mille bons... (*Deux lignes effa-
cées*) [1]. J'oubliois à vous dire que je l'ai vue jouer aux onchets
avec une adresse charmante. Quand il faudra un jour qu'elle
représente, elle sera d'un air et d'une grâce à charmer, et avec
une grande dignité et un grand sérieux.

---

[1] Suivant Monmerqué, ces deux lignes biffées avec soin, devaient renfermer les expressions d'une tendresse conjugale, et madame de Maintenon, en conservant cette lettre à cause de son importance historique, en avait fait disparaître ce qui aurait pu être un indice de son
union avec Louis XIV. Nous n'avons jamais cru que madame de Maiute-
non ait voulu *sérieusement* cacher à la postérité le secret de cette union :
au contraire! Elle n'en parlait pas, mais ses *amis* en parlaient pour elle.

AVIS A LA PRINCESSE [1].

I. — PAR RAPPORT A DIEU.

La crainte de Dieu est le commencement de la sagesse, et l'amour de Dieu est l'accomplissement de la loi.

Que votre piété soit solide, droite et éclairée; solide, en vous en servant de règle dans toutes les actions de votre vie; droite, en préférant toujours les obligations de votre état à toute autre dévotion; éclairée, en vous instruisant de tout ce que vous devez savoir pour vous sauver et pour en sauver beaucoup d'autres par votre exemple.

Ayez horreur du péché.

Marchez en la présence de Dieu.

Il n'y a de joie, de repos et de véritables délices qu'à servir Dieu.

Le vice est plein d'horreur et de malédiction.

[1] De la main de mademoiselle d'Aumale. Nous continuons de transcrire le *Vade-Mecum*. Cet *Avis* et les deux autres qui suivent ont été donnés à la princesse Adélaïde de Savoie par le confesseur qu'elle avait choisi lorsque, arrivée en France, elle fut placée provisoirement sous la direction de madame de Maintenon.

On ne peut trop fort se donner à Dieu.

La sainte Vierge s'offrit à Dieu dès l'âge de trois ans.

La vie tout entière est à celui qui nous l'a donnée. Voudriez-vous donner la vôtre à l'ennemi de Dieu ?

Évitez la vanité et l'oisiveté.

Quand on a commencé à mal vivre, on a bien de la peine à devenir sage.

Méditez la loi de Dieu jour et nuit; gravez-la profondément dans votre cœur.

Aimez le catéchisme ; ne le regardez pas comme une instruction d'enfant : il renferme toute la religion.

Méditez souvent les quatre fins de l'homme.

Dieu a tout fait, hors le péché.

Dieu a tout conduit, jusqu'au cheveu de notre tête.

C'est ici le temps de la miséricorde: mais le temps de la colère et de la vengeance viendra.

Aimez tendrement Notre-Seigneur Jésus-Christ.

Imitez votre maître et votre modèle.

Sacrifiez tout à la gloire de Dieu.

Aimez l'Église, qui est l'assemblée des fidèles.

Respectez les ministres; protégez les gens de bien et les bonnes œuvres.

Soulagez les malheureux.

Déclarez-vous contre les nouveautés dans la religion, comme le jansénisme, le quiétisme, etc.

Faites-vous-en instruire autant qu'il est nécessaire pour l'éviter.

Tenez-vous attachée au saint-siége, qui est le centre de la catholicité.

Soyez simple dans la piété, docile, humble, comme saint Paul l'ordonne aux femmes.

Fréquentez les sacrements avec joie et avec confiance.

Choisissez un bon confesseur, et laissez-vous conduire dans le bien qu'il vous conseillera : c'est là qu'il faut être simple comme la colombe.

Quittez-le, s'il vous disait quelque chose de mal : c'est en ce cas qu'il faut être prudent comme le serpent.

Suivez l'esprit de l'Église dans toutes ses solennités.

Attendez et désirez Notre-Seigneur pendant l'Avent.

Recevez-le à Noël, renaissez avec lui.

Adorez-le avec les bergers et avec les rois; offrez-vous tout entière à lui.

Purifiez-vous avec la sainte Vierge. Soumettez-vous comme elle à toutes les pratiques de la religion.

Mortifiez-vous, pendant le Carême, par l'abstinence, le jeûne, les prières plus longues, plus de solitude et d'éloignement des plaisirs.

Mourez avec Jésus-Christ le vendredi saint.

Ressuscitez avec une nouvelle vie au temps de Pâques.

Montez au ciel en esprit au temps de l'Ascension, en vous détachant de la terre.

Attendez, désirez et recevez le Saint-Esprit à la Pentecôte, et soyez dans les dispositions où furent les apôtres pour la gloire de leur maître, qui est le vôtre.

Adorez le Saint-Sacrement pendant l'octave que l'Église l'expose à nos yeux.

Dans le cours de l'année, solennisez les fêtes des saints; ayez recours à eux, imitez leurs vertus.

Ayez une particulière dévotion à la sainte Vierge.

Invoquez votre bon ange et votre patron.

Aimez l'Écriture sainte.

Adorez ce que vous n'entendez pas; profitez de ce que vous comprenez.

Servez-vous du livre de l'*Imitation* et des *Psaumes*.

Lisez les œuvres de saint François de Sales.

Rentrez souvent en vous-même, et tâchez de vous mettre en la présence de Dieu, au milieu du plus grand monde.

AUTRE AVIS A LA MÊME[1].

II. — PAR RAPPORT A SON MARI.

Prenez votre résolution, madame, de souffrir tout ce que Dieu voudra vous envoyer : car la condition des grands a ses peines et souvent plus amères que celles des particuliers.

N'espérez point un parfait bonheur : il n'y en a pas sur la terre.

Votre sexe est encore plus exposé à souffrir, parce qu'il est toujours dans la dépendance.

[1] De la main de mademoiselle d'Aumale.

Ne soyez ni fâchée ni honteuse de cette dépendance d'un mari, ni de toutes celles qui sont dans
l'ordre de Dieu; mais sanctifiez-la en vous soumet-
tant de bon cœur pour l'amour de lui.

Que M. le duc de Bourgogne soit votre meilleur
ami et votre confident. Prenez ses conseils, donnez-
lui les vôtres; ne soyez qu'une seule personne, selon les desseins de Dieu.

N'espérez point que cette union vous fasse jouir
d'un bonheur parfait; les meilleurs mariages sont
ceux où l'on souffre tour à tour l'un de l'autre avec
douceur et patience.

Il n'y en a aucun sans quelque contradiction.

Supportez donc les défauts de l'humeur, du tem-
pérament, de la conduite, la différence des opinions
et des goûts; c'est à vous à soumettre les vôtres.

Prenez sur vous le plus que vous pourrez, et prenez le moins qu'il vous sera possible sur les autres;
cela est au-dessus des forces naturelles, mais Dieu
vous soutiendra si vous avez recours à lui.

Soyez complaisante sans faire valoir vos complai-
sances.

N'exigez pas autant d'amitié que vous en aurez;
les hommes, pour l'ordinaire, sont moins tendres
que les femmes.

Vous serez malheureuse si vous êtes délicate en amitié.

Demandez à Dieu de n'être pas jalouse.

N'espérez jamais faire revenir un mari par les plaintes, les chagrins et les reproches.

Le seul moyen est la patience et la douceur; mais j'espère que M. le duc de Bourgogne ne vous mettra pas à ces épreuves.

Tournez vos occupations selon les inclinations de M. le duc de Bourgogne.

En sacrifiant votre volonté, ne prétendez rien sur la sienne; les hommes y sont encore plus attachés que les femmes, parce qu'on les élève avec moins de contrainte.

Ils sont ordinairement tyranniques et veulent des plaisirs et de la liberté, et que les femmes y renoncent. Ils sont les maîtres : il n'y a qu'à souffrir de bonne grâce.

Aimez vos enfants; voyez-les souvent : c'est l'occupation la plus honnête que vous puissiez avoir.

N'oubliez rien pour les bien élever et pour leur donner le plus de préservatifs contre les dangers de leur état.

Imprimez la religion dans leur cœur, et jetez-y la semence de toutes les vertus.

Nourrissez les filles dans la crainte et la solitude, afin qu'elles se trouvent plus heureuses dans les mariages que la Providence leur aura destinés.

AUTRE AVIS A LA MÊME [1].

III. — PAR RAPPORT AU MONDE.

Exposez-vous au monde selon la bienséance de votre état.

Mettez votre confiance en Dieu et consolez-vous des périls où on y est exposé par le bien que vous y pouvez faire; un des plus grands, c'est l'exemple.

Professez donc hautement votre foi et votre religion, sans en négliger aucune pratique.

Détruisez autant que vous le pourrez la vanité, l'immodestie, le luxe, et encore plus les calomnies, les médisances, les railleries offensantes et tout ce qui est contraire à la charité.

N'épousez les passions de personne : c'est à vous de les modérer et non pas de les suivre.

De la main de mademoiselle d'Aumale.

Regardez comme vos véritables amis ceux qui vous porteront toujours à la douceur, à la paix, au pardon des injures; et, par la raison contraire, craignez et n'écoutez pas ceux qui voudront vous exciter contre les autres, quelque apparence de zèle dont ils veulent couvrir leurs intérêts ou ressentiments.

Défiez-vous des personnes intéressées, ambitieuses, vindicatives : leur commerce ne peut que vous nuire.

Parlez, écrivez et faites toutes vos actions comme si vous aviez mille témoins.

Comptez que tôt ou tard tout est su : l'écriture surtout est très-dangereuse.

N'ayez jamais tort; ne vous mettez point en état de craindre la confrontation.

Donnez toujours de bons conseils.

Excusez les absents.

Encore une fois, n'entrez point dans les passions de personne; vous leur plairez moins dans le temps de leur faveur, mais elles vous aimeront dans la suite.

Sanctifiez toutes ces vertus, en leur donnant pour motif l'envie de plaire à Dieu.

Aimez l'État, aimez la noblesse, qui en est le soutien.

Aimez les peuples; protégez-les à proportion du crédit que vous aurez. Soulagez-les autant que vous pourrez.

Aimez vos domestiques. Portez-les à Dieu; faites leur fortune jusqu'à un certain point; mais ne contentez ni leur vanité ni leur avarice, et montrez par votre sagesse la modération qu'ils devraient mettre à leurs désirs.

Ne vous familiarisez guère avec eux; pour l'ordinaire, ils en abusent.

Ne vous inquiétez point sur l'avenir; passez chaque journée le plus tranquillement que vous pourrez et le plus saintement.

Ne soyez point trop attachée au plaisir; il faut savoir s'en passer.

Apprenez à vous contraindre.

Ne confiez rien qui puisse vous nuire s'il est redit.

Comptez que les secrets les mieux gardés ne le sont que pour un temps.

Soyez en garde contre le goût que vous avez pour l'esprit; il vous fera haïr du plus grand nombre.

On ne donne presque jamais qu'une maxime aux princes, qui est celle de la dissimulation.

Il ne faut pas montrer tout ce qu'on pense, ni se laisser aller à tous les mouvements intérieurs.

Comme on a toujours les yeux sur eux, il est certain qu'ils doivent, autant qu'il leur est possible, avoir un extérieur doux, égal et médiocrement gai.

Mais la maxime de dissimuler toujours est très-fausse, et les fait tomber dans de grands inconvénients.

Il faut montrer sans affectation ce qui est bon à montrer, ou du moins, il ne le faut pas cacher : les exemples vous le feront bien mieux comprendre.

Une personne à qui vous avez témoigné de l'amitié est malade : vous devez en avoir et en montrer de l'inquiétude.

Elle meurt, vous devez en avoir de la douleur, et ne la point cacher.

Vous ne serez aimée qu'autant qu'on vous croira capable d'amitié.

DIALOGUE DE L'IMPÉRATRICE PULCHÉRIE
AVEC UN SOLITAIRE.

TRADUIT DU GREC SUR UN MANUSCRIT DE LA BIBLIOTHÈQUE DU MONT-ATHOS [1].

Pulchérie [2], fille de l'empereur Arcade et d'Eudoxe, naquit en 399. Elle eut pour frère Théodose, appelé le Jeune, né l'an 401, et trois sœurs. Elle perdit sa mère à l'âge de cinq ans, et son père à l'âge de neuf. Théodose la nomma Auguste, le 14 juillet de l'an 414. A quinze ans, elle gouverna l'empire avec

[1] De la main de mademoiselle d'Aumale.

[2] La Beaumelle, qui a profondément modifié cette pièce en la reproduisant, a mis ces mots après le titre : « A l'usage de madame la duchesse de Bourgogne, » Nous croyons effectivement que ce Dialogue était destiné à cette princesse; mais notre manuscrit n'en dit rien. Du reste, la Beaumelle, qui a fait ainsi une addition au titre, y a pratiqué aussi un retranchement : car, à la suite de ces mots : « Traduit du grec, » il n'a pas ajouté : « Sur un manuscrit de la bibliothèque du Mont-Athos. » Sans doute, cette dernière indication est une pieuse fiction imaginée par le directeur de conscience, en vue de donner plus d'autorité à ses avis. On sait que le Directeur ordinaire de la princesse était le père La Rue; et c'est peut-être lui qui a composé ce Dialogue, qu'il n'est pas sans intérêt de connaître dans son intégrité.

toute la prudence et la sagesse des politiques les
plus habiles.

Un jour, lasse des grandeurs, des affaires et des
plaisirs, elle alla consulter un solitaire dont la piété
était renommée dans tout l'Orient. Je l'y suivis, et
voici ce que j'entendis :

PULCHÉRIE.

Serviteur de Jésus-Christ, qui consumez vos jours
dans les exercices pénibles d'une vie sainte et péni-
tente, qui passez les nuits à louer le Seigneur, à
méditer ses bontés et qui avez plus de commerce
avec le ciel qu'avec la terre, je vous prie d'éclaircir
mes doutes par vos lumières, et de soutenir par vos
bons avis ma volonté chancelante dans le bien.

Je vous prie d'abord de me dire pourquoi je me
sens dégoûtée de tous les plaisirs du monde, quoique je les aime encore. Je devrois être la plus heureuse princesse du monde : à l'âge de quinze ans,
je me vois maîtresse de l'univers; tout m'obéit
dans cet empire; mon frère Théodose me donne
toute autorité, une nombreuse cour, empressée à
me plaire sans cesse; ce palais est le plus beau du
monde, Constantin et le grand Théodose l'ont enri-
chi des dépouilles des nations vaincues; sa situation

avantageuse, l'art et la nature concourent à l'em-
bellir; mes richesses sont immenses, ce que l'univers a de plus rare se trouve dans mes trésors; les
jeux, les grâces et les ris accompagnent mes pas,
tout flatte ici mes inclinations; au milieu de tant
d'avantages, je m'ennuie à la mort; rien ne me
plaît; dégoûtée d'un plaisir, j'en cherche un autre
plus vif et plus sensible; celui-ci me déplaît comme
l'autre; j'en cherche un troisième. Lassée enfin de
plaisirs, je trouve des chagrins inépuisables dans ce
qui paroît à toute la terre le comble du bonheur.

LE SOLITAIRE.

Je ne suis pas surpris, ô princesse, de vos ennuis. Salomon, comblé de richesses et de gloire
dans une vive jeunesse, dans l'abondance et les
plaisirs, s'ennuyoit comme vous; et il avoue que
dans tout ce qui peut flatter l'homme, il n'a trouvé
que vanité et affliction d'esprit.

Dieu vous destine à des plaisirs plus solides : les
plaisirs de ce monde coûtent beaucoup, durent peu,
sont suivis d'amertume. Rien de plus borné. Si vous
passez les limites que la raison prescrit, ce n'est
plus un plaisir, mais une peine. Manger est un
plaisir, manger avec excès est une vraie fatigue:

c'est n'avoir qu'un sommeil inquiet, être livrée aux
maladies et aux incommodités qui suivent l'intem-
pérance. Se promener est un plaisir, la trop longue promenade est un travail.

Si vous passez les bornes prescrites par la loi de
Dieu, bien loin de trouver un plaisir, vous vous
préparez un supplice; les remords de la conscience,
la pensée d'un Dieu qui voit tout, l'enfer destiné
aux coupables, le ciel d'où le péché vous bannit, les
malheurs mêmes de cette vie, qui suivent de près le
péché, ne permettent pas d'en goûter la douceur.

Ne vous étonnez pas, ô princesse, que des plaisirs si imparfaits ne puissent contenter un cœur à
qui Dieu prépare un plaisir parfait, infini, éternel,
la possession de lui-même.

PULCHÉRIE.

Vous parlez d'un plaisir parfait, infini, éternel,
mais qu'on ne goûte qu'en l'autre vie; faut-il donc,
en celle-ci, se priver de toute satisfaction? Faut-il
que je fuie la société des personnes de mon âge qui
m'environnent? condamnez-vous des plaisirs innocents? La piété consiste-t-elle à devenir sauvage, à
vivre dans un silence triste et morne? J'aimerois
autant mourir.

LE SOLITAIRE.

La piété ne condamne pas, ô princesse, les plaisirs innocents. Un chasseur fut un jour surpris de voir le grand apôtre saint Jean jouer avec une perdrix ; saint Jean lui répondit « *que l'esprit, comme un arc, ne peut pas être toujours tendu.* »

Une princesse chrétienne peut prendre les plaisirs innocents, nécessaires pour conserver la santé et entretenir la longue application. Elle peut prendre les plaisirs innocents qui lient et qui entretiennent la société des personnes qui l'accompagnent. On se fait une fausse idée de la piété si on la croit sauvage ou farouche ; la véritable piété est la charité, et la charité est douce, bienfaisante, gracieuse ; elle éloigne les caprices, les bizarreries, les inégalités ; elle est affable, accessible, prévenante, rassurant ceux que la timidité empêche de parler.

Le grand Théodose, votre aïeul, dans le temps de sa pénitence, dans la plus vive amertume de sa douleur, essuyoit de temps en temps ses larmes pour paraître d'une manière agréable aux seigneurs qui l'environnoient ; il le faisoit par un esprit de charité, afin d'unir les cœurs pour le bien de l'empire et par un esprit d'humilité, pour faire voir qu'il étoit bien éloigné de mépriser les hommes, quoique ses sujets : car Dieu les a créés, Jésus-Christ les a rachetés, et ils sont héritiers de la même gloire. Vous savez combien ces ménage-ments, que la charité et son humilité lui inspirè-rent, rendirent son grand cœur aimable à tout l'univers.

Mais il y a des plaisirs bien plus précieux et plus estimables, des joies intérieures que le Saint-Esprit forme, des consolations célestes que Jésus-Christ répand dans l'âme, et celui qui les a goûtés trouve fades et insipides tous les plaisirs de la terre.

PULCHÉRIE.

Vous me parlez de plaisirs intérieurs, de saintes voluptés qui sont le partage des justes en cette vie; mais qui les a éprouvés? Ne sont-ce point de pieuses rêveries, de vaines idées sans réalité? Me feriez-vous bien voir que l'apôtre saint Paul a connu ces joies intérieures et qu'il les a goûtées? Je vous assure que j'ai besoin d'une autorité aussi grande que la sienne pour me persuader une vérité si peu con-nue dans le monde.

LE SOLITAIRE.

Vous ne pouviez choisir un meilleur juge. Écoutez

donc ce grand apôtre : *Le royaume de Dieu*, nous
dit-il, *est la paix et la joie dans le Saint-Esprit.*
Faites attention à ces paroles : *la paix et la joie.*
Il y a donc une *paix* et une *joie* que le Saint-Esprit
forme. Il avait goûté ce qu'il enseigne. « *Je suis com-*
blé de joie, dit-il, *dans un autre endroit; je nage*
dans la joie au milieu de mes souffrances; à pro-
portion que mes souffrances augmentent et se mul-
tiplient, à proportion ma consolation augmente par
Jésus-Christ. » Il faut que ces consolations soient
bien touchantes et bien sensibles puisque saint
Paul est comblé de joie dans la plus violente des
persécutions qu'il souffrit à Éphèse, où il nous dit
qu'il attendoit à chaque moment la mort, que la
vie lui étoit devenue ennuyeuse, qu'il avoit à combattre contre des hommes aussi cruels que des
bêtes.

Les martyrs connaissoient bien les forces de ce
charme divin lorsque, au milieu des plus grands
supplices, une joie céleste brilloit sur leur visage;
quand ils disoient que le corps ne sent rien dans
les douleurs lorsque l'esprit est dans le ciel, et
qu'ils préféroient le bonheur de répandre leur
sang pour Jésus-Christ à tous les avantages du
monde.

Les mondains ne connaissent point ces vérités. Il ne faut pas s'en étonner, dit saint Paul, l'homme animal, l'homme charnel ne comprend point les choses de l'esprit : elles lui paraissent une folie.

Qu'ils sont dignes de compassion ces amateurs de la vanité ! Ils courent toute leur vie après un fantôme qui leur échappe; ils changent de plaisirs, ils les outrent, ils les portent à l'excès, ils ne sont jamais contents, ils ne connaissent point la vérité, ils préfèrent le faux éclat d'un verre fragile au diamant solide et précieux. Dans notre solitude, nous passons une partie de notre vie à déplorer ce malheur, et nous demandons à Dieu, dans toutes nos prières, qu'il veuille bien les détromper, qu'il leur ouvre les yeux et qu'il leur fasse connaître quels sont les plaisirs vrais et durables.

Ces divines douceurs n'ont-elles jamais sollicité votre cœur dans l'innocence de votre baptême? Pendant vos prières, en recevant la sainte Eucharistie, n'avez-vous pas reçu quelques gouttes de la rosée céleste? En écoutant une exhortation touchante, votre cœur n'a-t-il pas été ému? N'avez-vous pas dit, comme les pèlerins d'Emmaüs : *Notre cœur n'étoit-il pas tout brûlant pendant qu'il nous parloit dans les chemins, et qu'il nous expliquoit les Écritures?*

Il me paroît, autant que je puis avoir de discernement des âmes, que vous êtes prévenue de la grâce de Dieu; mais craignez, ô princesse, que la contagion du siècle, la vivacité des passions, la légèreté de la jeunesse, l'envie des plaisirs, si naturelle à votre sexe, l'attachement à une beauté fragile, *véritable idolâtrie*, ne soient un obstacle aux desseins de Dieu sur vous. Craignez que les vains applaudissements que la Cour donne aux imperfections mêmes des princesses ne soient les épines qui étouffent en vous le bon grain. L'idolâtrie de soimême, l'attachement aux vanités sont par eux appelés bienséance; la gourmandise, bon goût; la fierté et les airs méprisants, noblesse et grandeur d'âme.

La mollesse, l'oisiveté, la paresse seront pour eux des vertus. C'est ainsi qu'ils déguiseront les vices pour les rendre moins affreux. Si l'on n'est bien sur ses gardes, insensiblement on se laisse entraîner, on néglige la prière, la lecture, on communie par bienséance, sans goût, sans amour, on perd la grâce. L'âme, dépouillée de ses armes célestes, succombe aux efforts de l'ennemi, et devient sa proie. Je prie de tout mon cœur le Seigneur Jésus qu'il vous préserve de ce malheur.

PULCHÉRIE.

Il est vrai : j'ai reçu bien des grâces, je me suis sentie prévenue dans mon enfance; mais je n'ai pas ménagé ces grâces comme je devois. Encore à présent je me sens touchée, les exhortations du bienheureux Attique, évêque de cette ville, me font beaucoup d'impression; j'aime à entendre parler de Dieu, et souvent, quand on en parle, les larmes me viennent aux yeux. Je suis quelques jours à lire, à prier plus qu'à l'ordinaire; mais bientôt la jeunesse, le plaisir, la dissipation m'emportent; je vois le bien, je l'aime, je désire le pratiquer, et je n'en ai pas la force. Je voudrois qu'une main toute-puissante et favorable m'arrachât aux faux plaisirs que je cherche, et pût m'attacher à Dieu pour toujours. Je comprends bien que je ne serai jamais contente que je ne serve Dieu avec fidélité. Donnez-moi, je vous prie, quelque moyen pour fixer l'instabilité de ma volonté : car enfin je veux me sauver.

LE SOLITAIRE.

Dieu vous aime, et les grâces que vous avez déjà

reçues sont une heureuse assurance de celles qu'il veut encore vous faire; mais si vous êtes infidèle à la grâce, craignez qu'il ne vous abandonne. Dieu aimait Jérusalem, Notre-Seigneur Jésus-Christ la visite, l'exhorte, la presse, pleure sur son incrédulité; il l'abandonne enfin, elle est réduite en poussière, et c'est pour la postérité l'exemple le plus terrible de la justice de Dieu.

Qui a résisté à Dieu, dit Job, et a trouvé la paix? Que gagneriez-vous à lui résister, et que n'avez-vous point à craindre en lui résistant? Songez que Dieu n'a pas besoin de vous, et que vous avez un besoin essentiel de lui. Cependant il vous cherche, et vous le fuyez. Votre grandeur, votre naissance, vos biens, vos armées ne pourront vous dérober à sa justice. Vous paraîtrez seule devant lui; plus de distinction, plus de Cour, plus de flatteurs. Une paysanne simple et fervente sera plus heureuse alors que tous les grands du monde qui ont négligé leur salut. Il est encore temps, princesse, de vous donner à Dieu; mais ne tardez pas un seul moment, de peur que vous n'entendiez cette parole terrible qu'il prononça autrefois contre Israël dans le désert : *J'ai juré dans ma colère qu'ils n'entreront point dans mon repos.* Profitez

de cet avis, ô princesse; Dieu m'inspire de vous
parler ainsi.

PULCHÉRIE.

Oui, je suis résolue de répondre à la grâce; je
n'ai que trop tardé; je regrette les moments que je
n'ai pas donnés à ce grand Dieu qui demande mon
cœur. Je veux me donner sans réserve, que mon
âme ne brûle que pour lui, que mon esprit ne soit
plus occupé que de ses bontés. Je veux employer
l'autorité qu'il me donne pour le faire adorer. Je
n'oublierai rien pour porter mon frère et mes sœurs
et même tous les peuples de cet empire à l'aimer.
Mais dites-moi, je vous prie, quelle règle je pourrois suivre dans les exercices de piété.

LE SOLITAIRE.

Il est certain qu'on ne peut se soutenir dans le
bien si l'on ne pratique certains exercices de piété;
l'amour de Dieu est une flamme qui a besoin de
nourriture; le feu de la lampe s'éteint si l'huile
n'est pas renouvelée. Nous ne pouvons rien sans
la grâce, et la grâce nous est communiquée par
les pratiques saintes : recevoir les sacrements,
prier, lire la parole de Dieu. Recevoir les sacrements, non par bienséance ou par coutume,

mais pour soutenir notre faiblesse, pour enflammer notre cœur, nous remplir de Jésus-Christ. Lire la parole de Dieu qui est toute de feu et qui sanctifie l'âme par son onction; prier en public pour donner bon exemple et pour obtenir plus facilement, par les demandes réunies des fidèles assemblés au milieu de qui Notre-Seigneur a promis de se trouver. Pourquoi une princesse se priveroit-elle du secours si efficace de la prière publique, qui fait à Dieu une violence agréable? A-t-elle moins besoin de la grâce parce qu'elle est princesse?

PULCHÉRIE.

Je suis persuadée que ces exercices sont très-salutaires; mais comment les unir avec mes obligations? Mon premier devoir n'est-il pas de songer à la sûreté, à l'ordre et au bonheur de l'empire dont mon frère m'a confié le soin?

LE SOLITAIRE.

Un devoir n'est point opposé à l'autre. On trouve du temps pour tout, quand on sait le ménager : il n'y a qu'à s'appliquer à en faire une bonne distribution. Il faut régler l'heure du lever et du coucher, l'heure de la prière, des affaires, des repas, des divertissements innocents. La prière doit être placée avant toute chose. Le matin, il vous est facile, fléchissant les genoux, de penser à ce que vous êtes, à ce que vous serez un jour; quelles sont vos obligations et quelle fidélité vous avez mise à les accomplir; quelles sont vos passions et quelle application vous avez mise à les vaincre; quelles occasions de faire le bien vous avez négligées; enfin, combien de piéges se trouvent partout sous vos pas. Ensuite, lire une page de la parole de Dieu, la lire doucement, vous arrêtant aux endroits les plus touchants pour vous en pénétrer; demander à Dieu la grâce de ne pas l'offenser et de bien remplir vos devoirs. Vous trouverez des forces dans cette prière pour vous soutenir contre la corruption du siècle, contre l'attrait de l'amour-propre et les attaques du démon.

J'aurois encore plusieurs choses à vous conseiller; mais j'aime mieux les réserver pour un autre entretien. Pratiquez cependant le conseil que je vous donne, ô princesse, et vous reconnaîtrez par votre propre expérience combien il est utile.

PULCHÉRIE.

Je suis impatiente d'apprendre ce que vous avez

encore à me dire. J'ai aussi plusieurs questions à
vous faire : ce sera pour la première entrevue. En
attendant, priez Dieu que je profite des lumières
qu'il me donne.

LA PRINCESSE PULCHÉRIE,

POUR ENTRER DANS LES VUES DU SOLITAIRE DU MONT ATHOS, DEVROIT, DANS LES
COMMENCEMENTS, RÉGLER AINSI SA CONDUITE :

Se lever un quart d'heure plus tôt qu'elle n'a
coutume ; et, avant que personne entre chez elle,
se mettre à genoux, invoquer le Saint-Esprit, dire
un *Ave* pour saluer la sainte Vierge ; ensuite, lire
une page de l'*Imitation de Jésus-Christ*. En lire un
verset, ou deux, ou trois, réfléchir un peu de temps
sur ces vérités ; lire encore, puis s'arrêter, et ainsi
jusqu'à la fin ; et après avoir lu, demander à Dieu
la grâce de pratiquer ce qu'elle vient de lire. Penser quelle doit être sa fin ; que l'heure de la mort
est incertaine ; songer quelles occasions d'offenser
Dieu elle pourra trouver pendant la journée, et demander à Dieu la grâce de les éviter.

Il seroit bon de lire le chapitre entier, quand
il ne sera pas fort long.

Après le quart d'heure, faire le lever à l'ordinaire et la prière publique, y dire le *Pater*, l'*Ave*, le *Credo*, le *Confiteor*, selon la coutume, etc.

Avoir soin, dans l'ajustement, que la modestie et la bienséance soient inséparables, pour ne pas se charger des péchés d'autrui.

Assister au saint sacrifice avec toute l'attention et le respect possibles, et donner cet exemple aux peuples.

Dans le repas, garder les règles de la tempérance et ne pas faire un dieu de son goût.

Dans les divertissements modérés, se souvenir, au moins un petit moment par jour, que Dieu nous aime et qu'il nous voit.

Sur le soir, faire lire à quelqu'un, pendant le travail, un chapitre de l'Évangile.

Je dis pendant le travail : car l'oisiveté est la source de tous les vices.

Le soir, avant le sommeil, examiner si l'on a été fidèle à cette règle, les fautes qu'on a pu commettre, les occasions qui ont fait succomber, afin de les éviter une autre fois.

Cette règle, toute légère et facile qu'elle est, peut avoir de très-heureuses suites.

Pendant la réflexion du matin (qui consacrera à

Dieu les premières pensées dans le silence) Dieu se fera sentir à l'âme, avec une sainte volupté, et la princesse sera charmée des bontés de Dieu et des douceurs célestes qu'il versera dans son cœur, et qui la dégoûteront des plaisirs du monde dont elle connoît déjà la fausseté et le néant.

Qu'elle éprouve quinze jours de suite ce petit exercice, elle trouvera que son cœur insensiblement se changera, et, après un mois, elle sera étonnée de se voir toute autre.

Je dis de le faire de suite, car le faire un jour et en manquer trois, ce n'est rien faire. Elle peut ordonner qu'on la réveille un quart d'heure plus tôt qu'elle n'a accoutumé.

Pratiquant fidèlement cet exercice, elle connaîtra la vérité de cette parole de David : *Goûtez et voyez que le Seigneur est doux.*

CONCLUSION

CONCLUSION

Depuis longtemps, on a beaucoup discouru sur la question de savoir si madame de Maintenon a été *sage*, dans l'acception matérielle du mot, pendant les dix premières années qui ont suivi la mort de Scarron, c'est-à-dire de 1660 à 1670, date à laquelle elle a été chargée de l'éducation des enfants de Louis XIV et de madame de Montespan.

On s'est aussi demandé si elle a conseillé la révocation de l'édit de Nantes, et dans quelle proportion elle a participé à ce sinistre événement.

Malgré les longues dissertations qui ont été
écrites à ce sujet, et peut-être grâce à ces dissertations, les deux points en question sont encore à l'état d'énigme ; la même obscurité règne,
sous ce double rapport, dans la vie de Françoise
d'Aubigné, ce qui n'a pas empêché des écrivains
graves d'expliquer parfaitement les choses, soit
à la confusion, soit à la plus grande gloire de
la belle veuve, qui a eu ainsi ses admirateurs
enthousiastes et ses détracteurs passionnés.

Or, admirateurs et détracteurs ont raison :
car le pour et le contre sont également soute-
nables.

Nous avons beaucoup étudié madame de Maintenon ; nous l'avons cherchée avec un soin at-
tentif, avec la plus vive curiosité, non-seulement
dans ses propres écrits, mais encore dans les
livres auxquels elle a servi de texte et de prétexte, et nous pouvons déclarer qu'aucun juge-
ment définitif, c'est-à-dire fondé sur des faits
certains et impliquant autorité, n'a encore été
porté sur son compte.

En d'autres termes, après tant d'appréciations et d'écrits divers, sa biographie reste encore à faire.

Dans de telles conditions, quoique chétif et armé à la légère, nous pouvons, ce semble, à la suite des brillants paladins qui nous ont précédé, essayer de rompre aussi notre petite lance en faveur de ce que nous croyons être la vérité.

Mais nous l'avouons en toute humilité : cette tâche est ardue, et elle serait au-dessus de nos forces si le lecteur bienveillant ne nous aidait à l'accomplir.

En effet, Françoise d'Aubigné est une séduisante sirène, un protée insaisissable et moqueur. Rien de net, rien de franc dans ses allures : c'est un contre-sens perpétuel, un tissu d'équivoques, de contrastes et d'ambiguïtés.

Aussi nous bornerons-nous à établir le *bilan* de sa conduite, à en faire le résumé, sans y rien ajouter, sans en rien retrancher ; après quoi, nous prierons le lecteur d'y attacher des commentaires et de tirer les conséquences.

En un mot, nous serons simplement le rapporteur, et le lecteur sera le juge.

Assurément, il importe peu à l'histoire et au destin des empires que madame Scarron ait été ou non un dragon de vertu; mais puisque cette question a été posée par d'autres que par nous, pourquoi ne pas l'aborder, une bonne fois, avec netteté et franchise?

Un jour, madame de Lassay, impatientée d'entendre son mari exalter la vertu de madame Scarron, lui dit en le regardant fixement entre les deux yeux : « Mon Dieu, monsieur, comment « faites-vous donc pour être si sûr de ces choses- « là? »

Nous, qui n'avons pas non plus la foi robuste de M. de Lassay pour ces *choses-là*, nous allons soumettre son idole à un examen consciencieux, à une simple et fidèle analyse, et nous ne demandons pas mieux qu'elle en sorte triomphante.

Dans tous les cas, nous aurons fait notre devoir. L'humanité a eu assez de faux dieux : tâchons de n'y pas ajouter de fausses déesses.

Voici l'emploi du temps de Françoise d'Aubigné pendant les dix premières années de son veuvage (1660 à 1670) :

Aussitôt après la mort de Scarron, elle se retire dans un couvent, mais elle voit la galante Ninon de Lenclos dans la plus étroite intimité : elle en fait son amie, voire même sa *camarade de lit.*

Elle prend un directeur de conscience, mais elle va en personne chez Fouquet pour solliciter une pension du fastueux surintendant, qui *donnait aux hommes par vanité, aux femmes par libertinage,* et qui se vantait d'avoir dans son coffre-fort le *tarif de toutes les vertus.*

Elle entend deux messes par jour, mais on la rencontre dans les réunions mondaines, *elle est de tous les plaisirs.* Les hôtels d'Albret et de Richelieu sont le principal théâtre qu'elle a choisi pour ses triomphes; elle y trouve des seigneurs riches et galants qui l'entourent de soins, qui rivalisent de séductions auprès d'elle et dont plusieurs sont ses soupirants *avoués;* du reste, on va fréquemment chez elle, elle reçoit beaucoup de monde, au point que les *Ursulines* de la rue Saint-Jacques,.dans la maison desquelles elle a pris un logement, disent qu'*elle voit furieusement de gens, et que cela ne les accommode pas.*.

Elle avait accepté pour mari Scarron pauvre et infirme, *parce qu'elle aimait mieux,* disait-elle, *l'épouser qu'un couvent;* mais voilà qu'étant au couvent, elle aime mieux y rester que d'épouser un homme de condition qui lui offre sa main et sa fortune[1].

Elle *fait la prude* et ne comprend pas comment une femme ose se *masquer* pour aller au bal, mais elle reçoit fréquemment seul à seul le séduisant Villarceaux, le plus compromettant de ses adorateurs, car il passait publiquement pour être le préféré[2].

Ce n'est pas tout : Ninon lui *prête souvent sa*

---

[1] Voyez la *note* 1, à la fin.
[2] Voyez la *note* 2, à la fin.

chambre jaune, à elle et à ce même Villarceaux,
pour leurs tête-à-tête.

Ajoutons que, pendant une assez grande partie
de la période dont nous nous occupons, madame
Scarron a été réduite au dénûment le plus complet; elle manqua à peu près de tout : ses amis
lui envoyèrent jusqu'à du *bois à brûler*, même
des *habits;* et si la misère n'est pas toujours une
mauvaise conseillère qu'on écoute, elle est du
moins une hôtesse fort incommode pour une
jeune femme animée du désir de plaire et de
briller.

Telle a été, en raccourci, la conduite privée
de madame Scarron de 1660 à 1670, date à laquelle elle devint gouvernante des enfants de
madame de Montespan.

. De bonne foi, n'est-ce pas un singulier spec-
tacle que cette vie où le sacré et le profane se
heurtent, se coudoient, se prennent, se quittent,
et où cependant les choses mondaines semblent
l'emporter sur les soins du salut et prendre le
haut du pavé?

Qu'en pense le lecteur?

De grâce, nous l'adjurons de nous dire quelle induction on doit tirer de cet étrange chassé-croisé, de ce téméraire compromis entre le ciel et la terre. Et si madame Scarron a été sage devant Dieu, le lecteur trouvera peut-être qu'elle a fait tout ce qu'il fallait faire pour ne pas paraître en état de grâce aux yeux du monde[1]?

On remarquera, d'ailleurs, que nous n'avons mis aucune passion, aucune partialité dans cet examen. Nous avons résumé les faits dans leur vérité historique et tels qu'ils ont été présentés et *acceptés* par les amis de Françoise d'Aubigné. Nous avons écarté avec soin les témoignages écrasants de Saint-Simon et de Madame, mère du Régent, témoignages qui, au dire de ces mêmes amis, — et nous inclinons aussi à le croire, — sont empreints d'une animosité âpre et personnelle, d'une hostilité systématique.

Nous avons surtout dédaigné de nous servir

Voyez la *note* 5, à la fin.

de ces abominables pamphlets qui, vomis par la Hollande, ont, pendant des années, jeté impitoyablement le sarcasme et l'injure à la face de madame de Maintenon.

Bref, nous nous en sommes tenu uniquement aux allégations de madame de Caylus et de la Beaumelle, qui, l'un et l'autre, lui sont toujours favorables, et à celles de Tallemant des Réaux, auteur qui ne doit pas nous paraître suspect, puisque M. le duc de Noailles l'a cité fréquemment dans son *Histoire de madame de Maintenon*, ouvrage écrit avec talent, souvent avec éclat, avec bonne foi toujours, mais qui a le tort d'avoir été fait dans l'intérêt d'une cause.

Nous avons dit que mademoiselle de Lenclos *prêtait souvent sa chambre jaune* à madame Scarron. et à Villarceaux. Ce fait est consigné tout au long dans une lettre adressée par Ninon à Saint-Évremond, son ami [1], et M. Feuillet de Conches a cette lettre entre les mains ; mais, aux

---

[1] Voyez la *note 4*, à la fin, où cette lettre est rapportée,

yeux du savant bibliophile, elle ne *prouve pas
grand'chose contre madame Scarron ;* il n'y voit
*qu'une réminiscence de gaieté de la part de la
moderne Léontium, quarante ans après l'époque
à laquelle elle fait allusion.*

Il est bon d'avoir de l'esprit, mais il ne faut
pas en abuser. M. Feuillet de Conches a beau
jouer ici au paradoxe avec une coquetterie charmante, il ne convaincra personne, pas même lui.

Et notez que l'ingénieux auteur des *Causeries d'un curieux* y plaisante très-agréablement
M. Cousin, qui professe un scepticisme à peu
près absolu à l'endroit de madame de Maintenon, mais dont la foi implicite et les tendresses
philosophiques sont acquises, en revanche, à
deux ou trois autres héroïnes suspectes du dix-
septième siècle. Suivant M. Feuillet de Conches,
l'illustre académicien *a glissé légèrement sur les
péchés mignons de la duchesse de Longueville; il
lui est dévot, c'est son galant séraphique, il en fait
une sainte, et il porte son cœur en écharpe,* etc.

Tout cela est fort spirituel et fort bien dit, mais

nous ne pensons pas que M. Feuillet de Conches et M. Cousin puissent désormais se regarder sans rire.

Quant à nous, pour en revenir à la lettre de Ninon de Lenclos, c'est précisément parce que quarante ans se sont écoulés entre le fait qu'elle signale et sa révélation que nous croyons, sans réserve, aux paroles de cette *femme honnête homme, qui disait toujours vrai, et dont le cœur était aussi sûr en amitié qu'inconstant en amour.*

Nous y ajouterions peut-être une foi plus restreinte, si la lettre avait été écrite à l'époque où les *myrtes* de madame de Scarron pouvaient empêcher Ninon de dormir, à cette date où, jeunes et avides d'hommages toutes deux, l'adroite veuve marchait sur les brisées de son amie; car, alors, ç'aurait pu être une vengeance *féminine* de la part de Ninon, une colère de la vanité, une révolte de l'amour-propre, et nous nous serions tenu en garde contre les exagérations, contre les injustices de ce sentiment surexcité. Mais la lettre a été écrite après un in-

19.

tervalle de quarante ans, c'est-à-dire lorsque
Ninon était vieille, quand elle *lisait en lunettes*
(elle le dit elle-même), quand, enfin, il ne pouvait plus y avoir la moindre rivalité d'amour ou
de beauté entre elle et son amie. Elle eût donc
été bien vindicative, cette *bonne* Ninon, et le
fiel eût fermenté dans son cœur à bien longue
échéance!

Car, enfin, il convient de donner aux choses
leur propre nom, leur véritable valeur. Ce n'est
pas un acte de *gaieté* et de simple espièglerie
que Ninon eût commis, en tenant gratuitement
le propos qui nous occupe; mais un acte de
bonne et franche diffamation; et la moderne
Léontium se serait ravalée au rang d'une com-
mère de carrefour, d'une caillette venimeuse et
jalouse.

Nous croirons plus volontiers M. Feuillet de
Conches quand il déclare apocryphe cet autre
billet, également fameux, écrit cette fois par
madame Scarron, et trouvé, prétendait-on, dans
la *cassette aux poulets de Fouquet.*

Dans ce billet, madame Scarron disait au
surintendant qu'elle *haïssait le péché, mais
qu'elle haïssait encore plus la pauvreté.* « J'ai
« reçu de vous dix mille écus, ajoutait-elle ; si
« vous voulez encore en apporter dix mille
« dans deux jours, je verrai ce que j'aurai à
« faire. »

Elle terminait par ces mots : « Je ne vous
« défends pas d'espérer. »

Oui, ce billet est une machination inventée
par la lâcheté et la haine ; oui, c'est une pièce
odieusement fabriquée, et M. Feuillet de Conches a eu raison d'en faire bonne et éclatante
justice. Si madame Scarron avait eu des relations
intimes avec Fouquet, aucun écrit de sa part
n'aurait trahi cette faiblesse. Elle était trop pru-
dente, trop habile pour se compromettre.

Donc, ce billet est faux, archifaux !

Les mêmes incohérences, les mêmes contra-
dictions que madame Scarron a mises dans sa
vie privée, madame de Maintenon les a introduites dans sa vie politique. Là encore elle va,

elle vient, on la voit, on la perd de vue; elle reparaît, on croit la saisir, elle vous échappe, pour revenir encore et s'enfuir de nouveau, mais jamais, assurément, à la manière de la Galatée de l'églogue.

Aussi est-on à se demander, comme nous l'avons dit en commençant, quelle part elle a prise à la révocation de l'édit de Nantes.

A cet égard, on est obligé de la chercher de nouveau, à tâtons, au milieu des ténèbres flottantes et indécises dans lesquelles, soit calcul, soit faiblesse de caractère, elle s'est enveloppée, et de procéder encore par voie d'analogie et de déduction.

Il est un fait hors de toute discussion, c'est que, pendant la seconde moitié de sa vie, madame de Maintenon exerça une influence réelle sur la politique de Louis XIV, influence heureuse, selon les uns, déplorable, selon les autres[1].

---

[1] Voyez la *note* 5, à la fin.

Quoi qu'il en soit, le roi travaillait ordinairement chez elle avec ses ministres, et il l'inter-
rogeait souvent sur les questions à l'ordre du
jour, sur les points susceptibles d'interpréta-
tion, en lui disant : « *Qu'en pense votre Solidité ?* »

Le cas que Louis XIV faisait de ses avis et sa
présence habituelle aux délibérations du conseil
prouvent surabondamment une coopération active de la part de madame de Maintenon aux
affaires du gouvernement, aux décisions d'État ;
et l'on peut dire hardiment que, dans l'ombre
et sans y attacher ostensiblement son nom, elle
a mis la main à beaucoup de choses.

Or, la révocation de l'édit de Nantes, cette
grosse et grave affaire, dut être longuement préparée, discutée et débattue en conseil; et doit-
on inférer de ce qui précède que madame de
Maintenon s'y montra favorable, y donna sa voix
et son assentiment?

Nous ne le pensons pas.

Procéder ainsi, aller du *connu* à l'*inconnu*,

et conclure, ce serait adopter le système de Rulhière, qui, à l'aide de rapprochements forcés, veut prouver à tout prix que madame de Maintenon excita le roi contre les protestants [1]. En d'autres termes, ce serait s'exposer à l'erreur : et nous ne voudrions pas courir les hasards d'une pareille aventure [2].

Abordons un autre ordre d'idées.

En dehors des affaires politiques, c'est là un point également acquis à l'histoire, madame de Maintenon s'occupa, sans relâche, des affaires de conscience et de religion; et, à ce sujet, son intolérance, à laquelle se mêlait un grain de superstition, éclate à tous les yeux [3].

En effet, cette intolérance perce, comme malgré elle, en vingt endroits de sa correspondance, où elle n'a mis cependant que ce qu'elle a bien voulu y mettre; et, d'un autre côté, les conversions qu'elle imposa dans sa propre famille, par

---

[1] *OEuvres* de Rulhière, — Paris, 1829. — *Éclaircissements*, etc., pag. 55 et suiv.

[2] Voyez la *note* 6, à la fin.

[3] Voyez la *note* 7, à la fin.

des voies violentes et subreptices, déposent contre
les impatiences exaltées de son prosélytisme et
les ardeurs tyranniques de sa foi[1].

Ici, nous l'avouerons, nous sommes fortement
tenté de procéder selon les règles de l'axiome
classique : *Qui peut plus, peut moins*, et d'exciper
de ces conversions surprises et escamotées dont
il vient d'être parlé, pour juger définitivement
madame de Maintenon au point de vue religieux.

Dès lors, nous serions à notre aise ; logique-
ment, nécessairement, nous serions amené à dire
que madame de Maintenon n'a pu être douce et
indulgente envers les étrangers, l'ayant été si
peu à l'égard des siens : d'où la conclusion que sa
participation à la révocation de l'édit de Nantes
a dû être active et passionnée, sinon cruelle.

Mais ce serait là encore une espèce de procès
de tendance, et non une démonstration.

Voltaire a dit : « On voit par les lettres de

---

[1] Voyez la *note* 8, à la fin.

« madame de Maintenon, qu'elle ne pressa point
« la révocation de l'édit de Nantes et ses suites,
« mais qu'elle ne s'y opposa point. »

Depuis que cette phrase a été écrite, aucune
découverte nouvelle n'a été faite sur la matière.
Amis et ennemis de bonne foi en sont réduits à
paraphraser, à répéter à satiété la pensée de
Voltaire, laquelle est, au surplus, une accusation grave : car ne pas protester contre le mal,
le laisser faire quand on peut l'empêcher ou
l'amoindrir, c'est y participer dans une certaine
mesure ; et une espèce de complicité morale
doit s'attacher au nom de madame de Maintenon.

Mais ce ne sont là, après tout, que des demi-
lumières, des demi-satisfactions pour le philosophe et le penseur. On voudrait voir plus clair
au fond des choses, afin de faire à chacun sa
part exacte de responsabilité, dans cette odieuse
spoliation qu'on nomme la révocation de l'édit
de Nantes : car ce fut réellement une spoliation
autant qu'une œuvre d'intolérance. C'est pour-

quoi nous ne partageons pas l'opinion exprimée par M. Cousin, savoir : que la mesure en question fut chose *toute gratuite*, en ce qu'elle eut lieu *lorsque les protestants, soumis et protégés, rivalisaient de zèle avec les catholiques pour le service de l'État, et quand leurs plus illustres familles se convertissaient peu à peu*[1].

La révocation de l'édit de Nantes a eu manifestement sa raison d'être ; mais il ne faut pas la chercher uniquement, comme paraît le faire M. Cousin, dans des considérations religieuses.

Les caisses de l'État étaient vides ; les fantaisies olympiennes du grand roi et les dilapidations de la cour y avaient creusé un abîme qu'il fallait combler à tout prix. Mais comment faire? Établir de nouveaux impôts? Il n'y fallait pas songer : la mesure était comble. Le peuple succombait sous le poids des charges qui existaient déjà ; on ne pouvait l'en accabler davantage, sans s'exposer à tuer la poule dans l'œuf.

---

[1] *Jeunesse de madame de Longueville*, page 11 de l'avant-propos. Paris, Didier, 1859. 1 vol. in-8, quatrième édition.

Or, les habiles s'ingénièrent ; on chercha, on discuta, on délibéra, et l'on découvrit que les protestants, de même que les juifs au moyen âge, étaient en général industrieux et riches. Dès lors l'expédient fut trouvé. On pouvait se procurer de l'or en servant les intérêts du ciel : c'était double profit. On persécuta donc les protestants, on les proscrivit, on les dépouilla, on vendit leurs biens, le tout au saint nom de Dieu ; et le désastre financier qu'on redoutait, qui paraissait imminent, put être ajourné.

Tel est, sinon le mobile exclusif, du moins un des motifs secrets et déterminants de la révocation de l'édit de Nantes; et nous ne saurions dire, d'ailleurs, avec M. le duc de Noailles, qu'en prenant ce parti extrême, *Louis XIV s'est appuyé sur l'opinion publique.*

En vue de corroborer cette assertion, M. le duc de Noailles cite quelques personnages célèbres dont la voix s'est élevée pour adresser au roi des félicitations sur ce triste épisode de son règne. Mais qu'est-ce que cela prouve? L'esprit de parti peut endurcir un instant les meilleurs cœurs, aveugler les plus hautes intelligences. La Saint-Barthélemy a trouvé aussi des apologistes, même parmi des gens qui ne manquaient pas d'autorité. Est-ce que la mémoire de ce grand crime en est moins exécrée? L'opinion publique, pas plus que la vérité, ne se trouve dans les abstractions; et il est une chose, d'ailleurs, qui parle plus haut que les applaudissements de quelques personnes prévenues ou égarées, une chose qui dominerait, au besoin, les mille voix de la multitude et des partis, cette chose, c'est la conscience humaine.

Or, la conscience humaine s'est révoltée alors, comme elle se révolte aujourd'hui, comme elle se révoltera toujours, contre cet acte de barbarie, qu'on peut définir : une spéculation compliquée d'un sacrilége.

Maintenant, en ce qui concerne spécialement madame de Maintenon, notre conclusion la voici :

Une femme de beaucoup d'esprit et de galan-

teric du dix-huitième siècle disait qu'elle ne se
ferait jamais peindre qu'en *buste*. Madame de
Maintenon est morte sans se faire peindre,
même de cette façon-là, d'où il suit qu'elle
nous est inconnue du front à la ceinture.

Jugez de la difficulté qu'on éprouve aujour-
d'hui et qu'on éprouvera toujours, si l'on veut
faire son portrait *en pied!*

Le mieux est donc de s'abstenir, et de n'être
son égard ni un dévot ni un impie.

NOTES DE LA CONCLUSION

NOTES

DE LA CONCLUSION.

Page 328.

1. Ce seigneur était vieux, nous dira-t-on : d'accord ; il avait des mœurs relâchées : nous le voulons bien ; mais enfin il n'était pas plus libertin que d'autres seigneurs de son temps, dont madame Scarron s'était fait des amis, et, à coup sûr, il était moins désagréable que le pauvre poëte avec ses mille infirmités. Ce mariage était pour madame Scarron, dans la position précaire où elle se trouvait, une chose de providence, et elle devait l'accepter avec empressement, avec joie. Aussi son refus fit-il du bruit ; on en glosa dans le monde ; on l'attribua à un engagement secret. La belle veuve n'est pas libre, disait-on partout ; son cœur est enchaîné, et plus d'un nom voltigeait sur les lèvres. Ninon, seule, approuva sa conduite, et madame Scarron crut devoir l'en remercier dans une lettre où percent visiblement la contrainte et l'embarras. Cette lettre est du 8 mars 1666 ; elle se trouve à la page 32 des *Lettres* de madame de Maintenon, publiées par la Beaumelle, Glascow, 1756.

Page 328.

2. Plus tard, madame de Maintenon recommanda à sa jeune
cousine, la charmante comtesse de Caylus, dont le mari venait
de mourir, « *d'avoir toujours une femme qui travaille dans
sa chambre quand elle sera avec un homme.* Défiez-vous des
plus sages, lui dit-elle; défiez-vous de vous-même : croyez-en
une personne qui a de l'expérience et qui vous aime. » Voyez
cette lettre, qui est de l'année 1705, dans la *correspondance*
ci-dessus indiquée, t. VI, p. 122.

Page 330.

3. M. Sainte-Beuve prend philosophiquement son parti
sur la sagesse de madame Scarron. « Cette ancienne amie
de Ninon, dit-il, savait le mal et la corruption facile de la
nature; elle avait vu de bien près, dans un temps, ce qu'elle
n'avait point partagé, ou si elle avait été effleurée un moment, peu nous importe, elle n'en était que mieux avertie et
plus sévère. » *Causeries du lundi.* 1856, t. XI, p. 95. Du
reste, quelques jours avant son mariage, Scarron dit à l'un de
ses amis : « Je ne ferai point de sottises à ma femme, mais
je lui en apprendrai beaucoup. » Il n'avait alors de mouvement libre, fait observer la Beaumelle, que celui des yeux, de
la langue et de la main. » La Beaumelle a quelquefois de ces
naïvetés renversantes, mais qui ne renversent personne : car
on sait que la Beaumelle était le moins naïf des hommes, et
qu'il ne disait les choses qu'à bon escient.

Page 331.

4. Voici la lettre de Ninon à Saint-Évremond, telle qu'elle se trouve dans les *Causeries d'un curieux*, publiées par M. Feuillet de Conches, t. II, p. 588 :

« .... Je nay rien dit ny voulu dire au bon petit bibliotécaire ! ; on doit parler le moins possible de ces sortes de choses. Les tems sont venus ou iay tout oublie, hors mes amys. Juges apres cela si iay este ettonnée de vos nouvelles questions. A quoy songes vous d'oublier qu'il me faut lire en lunettes ces histoires d'amour ? Que vous series sage si vous vous en tenies à vostre Angleterre et un peu a l'amitié que vous me deves, dont ie suis digne par l'atachement que ie vous portes ! S. estoit mon amy ; sa fame m'a donné mille plaisirs par sa conversation, et, dans le tems, ie lay trouvée trop gauche pour l'amour. Quant aux détails, ie ne scay rien, ie nay rien veu, mais ie luy ay presté souvent ma chambre iaune a elle et a Villarceaux. »

Nota. Nous sommes curieux de notre nature, et nous voudrions bien savoir ce que contiennent les premières lignes placées en tête de cette lettre, et que M. Feuillet de Conches parait avoir passées sous silence.

Page 356.

5. Suivant Montesquieu, Louis XIV avait l'âme plus « grande que l'esprit, et madame de Maintenon abaissait sans cesse

L'abbé Hautefeuille.

cette âme pour la mettre à son point[1]. » De son côté, M. Théophile Lavallée dit « qu'elle n'eut pas de grandes vues, et qu'elle n'inspira pas de grandes choses au roi. » Ces deux opinions, identiques au fond, et qui, à proprement parler, n'en forment qu'une, nous semblent trop absolues. Ce n'est pas une âme ordinaire qui a conçu et exécuté le plan de la Maison royale de Saint-Cyr; et nous doutons que, réduit à ses propres inspirations, Louis XIV eût jamais songé à fonder cette institution grande et belle, un des faits les plus sympathiques de son règne.

Page 338.

6. Sans entendre tirer de ce fait une induction décisive contre les secrètes inclinations de madame de Maintenon, nous rappellerons que, dans une lettre du 2 septembre 1681, c'est-à-dire quatre ans avant la révocation de l'édit de Nantes, elle conseille à son frère d'appliquer à l'achat d'une terre une somme de cent huit mille livres qu'elle venait de lui obtenir sur les Fermes. « Les terres en Poitou se donnent *pour rien*, lui dit-elle; la *désolation* des huguenots en fera encore vendre. Surimeau, Saint-Pompin et plusieurs autres vont être en décret. » Quelques jours après (22 octobre), elle insiste sur ce conseil, et parle cette fois de la *fuite* des huguenots. — Voyez pages 166 et 167 du 1er volume de ses *Lettres*, édition de Glascow, 1756. — On nous objectera sans doute que, par une espèce de compensation anticipée, madame de Maintenon avait, le 1er octobre 1672, défendu les huguenots contre les violences de ce même frère. Cela est vrai, mais alors elle n'é-

---

[1] Voyez les *Pensées diverses* de Montesquieu.

tait revêtue d'aucun caractère officiel et ne s'inspirait que de son amour pour ses anciens coreligionnaires. Que n'est-elle restée dans ces sentiments!

Page 338.

7. Madame de Maintenon croyait fermement avoir reçu d'en haut la mission de convertir le roi. Voyez le XIme *Entretien*, dans ses *Mémoires*.

Page 339.

8. Dans une lettre du 19 décembre 1681, publiée par la Beaumelle, madame de Maintenon dit à son frère que, pour convertir leur jeune parente [1], « il n'y a plus d'autre moyen que la *violence*. On sera si affligé dans la famille de la conversion de Mursay, qu'on ne me confiera plus personne. Il faudrait donc que vous obtinssiez d'elle de m'écrire qu'elle veut être catholique. Vous m'enverriez cette lettre-là : j'y répondrais par une lettre de cachet, etc. » Pour convertir plus aisément les enfants du marquis de Villette (c'est ce qu'elle appelle la *conversion de Mursay*), elle avait eu le soin d'éloigner leur père, dont elle redoutait la vive résistance; elle ne trouva rien de mieux que de lui faire faire une campagne sur mer, et c'est pendant cette campagne qu'elle fit venir les enfants à Paris et qu'elle opéra leur conversion. Voyez les *Souvenirs* de madame de Caylus.

---

[1] Il s'agit de la fille de M. de Saint-Hermine, de *Minette*, plus tard madame de Mailly.

Nous croyons avoir commis une erreur en disant (pages 114 et 153), que M. du Bourg était probablement un *correspondant d'affaires* ou le *surveillant secret* du jeune marquis de Villette. Le caractère de la correspondance que ce personnage entretenait avec la marquise a pu, en effet, nous faire adopter cette idée : car il lui parle uniquement de la conduite privée du jeune homme, de ses dépenses, de ses dettes, d'engagements échus et à échoir, etc.; à telles enseignes, que nous aurions même été excusable, — n'eût été son nom tout français, — de le prendre pour un juif allemand. Mais les *Mémoires* de Saint-Simon font mention d'un maréchal de camp, appelé le comte du Bourg, qui pourrait bien être le du Bourg *tout court* de notre correspondance. Ce comte du Bourg se trouva, en 1709, avec le maréchal d'Harcourt, en Alsace, où il fit preuve d'un grand courage en repoussant, avec peu de soldats, le corps du général Mercy. En 1715, nous le retrouvons commandant en Alsace et à Strasbourg, où il apaise, par sa fermeté et sa prudence, une sédition parmi les troupes. Enfin, en 1724, il fut fait maréchal de France, et il mourut en 1739, laissant un fils, dont les descendants existent peut-être encore. Il était né en 1655, d'une famille noble et militaire, et il se nommait Éléonor-Marie du Maine, comte du Bourg.

FIN

ERRATA

—

Page 82, ligne 8, *au lieu de :* 21 avril 1718, *lisez :* 21 août 1718.

Page 82, ligne 1 de la note, *au lieu de :* quatre ans et demi, *lisez :* trois ans.

Page 109, ligne 12, *au lieu de :* dans la présente série, *lisez :* dans la quatrième série.

Page 133, ligne 2, *au lieu de :* érisypèle, *lisez :* érysipèle.

Page 146, ligne 14, *au lieu de :* ou j'étois, *lisez :* où j'étois.

Page 161, ligne 8, *au lieu de :* qu'il occupe, *lisez :* qui l'occupe.

Page 224, ligne 2 de la note, *au lieu de :* d'ubigné, *lisez :* d'Aubigné.

Page 278, ligne 14 de la note, *au lieu de :* qui n'a pas vieilli, *lisez :* qui n'ont pas vieilli.

TABLE

——

FIN DE LA TABLE.

PARIS. — IMP. SIMON RAÇON ET COMP., RUE D'ERFURTH,

www.ingramcontent.com/pod-product-compliance
Lightning Source LLC
Chambersburg PA
CBHW071630270326
41928CB00010B/1850